이렇게 보면 더 재미있어요

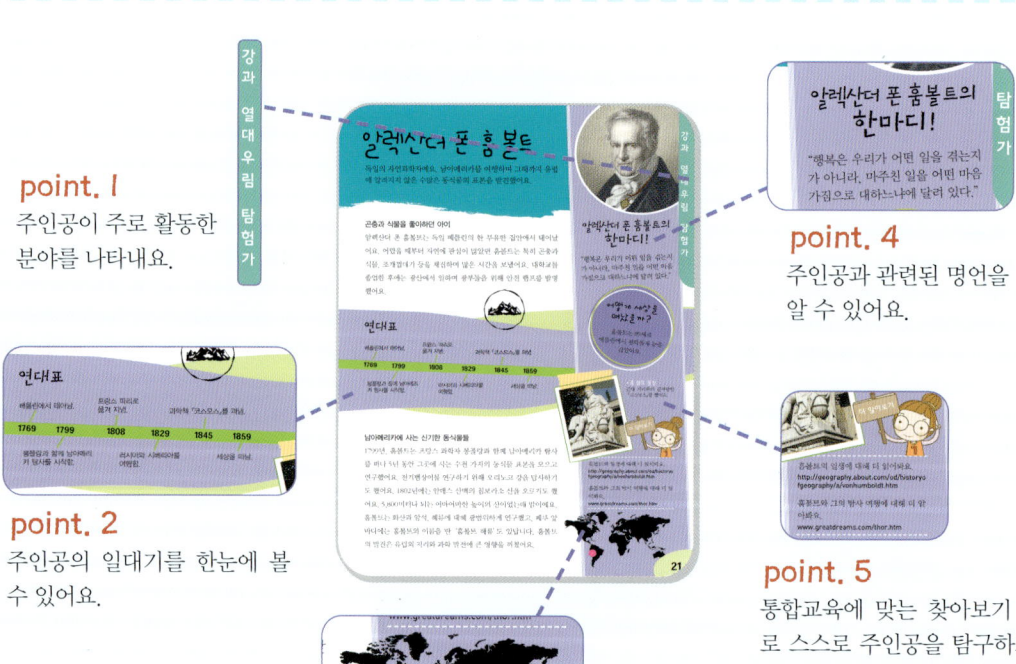

point. 1
주인공이 주로 활동한 분야를 나타내요.

point. 2
주인공의 일대기를 한눈에 볼 수 있어요.

point. 3
주인공이 태어나고 활동한 지역을 나타내요.

point. 4
주인공과 관련된 명언을 알 수 있어요.

point. 5
통합교육에 맞는 찾아보기 방식으로 스스로 주인공을 탐구하고 지식을 넓힐 수 있어요. 우리나라 사이트도 좋아요. 다양한 그림이나 도면, 사진 등을 보면서 주인공에 관해 자연스럽게 이해할 수 있어요.

세계를 움직인 교과서 속 인물 50명

Who's Who

위대한 탐험가

애니타 개너리 글 | 윤인경 옮김

산수야

지은이 애니타 개너리

애니타 개너리는 어린이들에게 알찬 정보를 전해 주는 책을 많이 써서 상을 받은 작가로 유명해요. 전문 분야는 종교, 자연사, 지리 등이지요. 영국 왕립 지리학회 회원으로 활동하고 있어요. 전 세계 많은 독자들의 사랑을 받은 '앗! 시리즈'에서 많은 책을 집필하여 지리학협회 은상을 수상했어요.

옮김 윤인경

연세대학교 교육학과를 졸업하고 미국 컬럼비아 대학교에서 국제교육개발 분야 석사 학위를 받았어요. 뉴욕 유니세프 본부에서 일했고, 지금은 출판기획 및 전문번역가로 활동하고 있어요. 그동안 『데이비드 베컴 축구 아카데미 1~4권』, 『노하우!』, 『에드가와 엘렌 : 희귀 동물 팝니다』 등을 우리말로 옮겼어요.

Who's Who 위대한 탐험가

초판 인쇄 2012년 2월 10일 | 초판 발행 2012년 2월 15일 | 지은이 애니타 개너리 | 옮긴이 윤인경
발행인 권윤삼 | 발행처 도서출판 산수야 | 등록번호 제1-1515호 | 등록일자 1993년 4월 30일
주소 서울시 마포구 망원동 472-19호 | 전화 (02)332-9655 | 팩스 (02)335-0674

ISBN 978-89-8097-230-2 74400
      978-89-8097-228-9(전 6권)
책값은 뒤표지에 있습니다.

이 도서의 국립중앙도서관 출판시도서목록(CIP)은
e-CIP 홈페이지(http://www.nl.go.kr/cip.php)에서 이용할 수 있습니다.
(CIP 제어번호:CIP2012000020)

Who's Who in Exploration
Text copyright ⓒ 2008 Anita Ganeri
All Rights Reserved. This translation published under license.
Korean language edition ⓒ 2012 Sansuya Publishers
Korean translation rights arranged with A&C Black Publishers Ltd. London, UK
through EntersKorea Co., Ltd., Seoul, Korea.

이 책의 한국어판 저작권은 (주)엔터스코리아를 통한 저작권자와의 독점 계약으로 도서출판 산수야가 소유합니다.
신 저작권법에 의하여 한국 내에서 보호를 받는 저작물이므로 무단전재와 무단복제를 금합니다.

차례

Chapter 1. 초기 탐험가 　4
한노 | 피테아스 | 현장법사 | 에이리크 | 마르코 폴로 | 이븐 바투타

Chapter 2. 바다 탐험가 　9
정화 | 크리스토퍼 콜럼버스 | 바스코 다 가마 | 페르디난드 마젤란 | 프랜시스 드레이크 | 제임스 쿡 | 자크 쿠스토 | 토르 헤위에르달

Chapter 3. 강과 열대우림 탐험가 　16
로베르 카블리에 드 라 살 | 샤를마리 드 라 콩다민 | 알렉산더 폰 훔볼트 | 멍고 파크 | 루이스와 클라크 | 데이비드 리빙스턴 | 메리 킹슬리

Chapter 4. 사막 탐험가 　22
르네 카일리에 | 리처드 버턴 | 버크와 윌스 | 거트루드 벨 | 스벤 헤딘 | 마크 아우렐 스타인 | 윌프레드 세시저

Chapter 5. 산 탐험가 　28
미셸 가브리엘 파카르 | 에드워드 휨퍼 | 하이럼 빙엄 | 허드슨 스틱 | 힐러리와 노르게이 | 라인홀트 메스너 | 반다 루트키에비츠

Chapter 6. 극지방 탐험가 　33
비투스 베링 | 존 프랭클린 | 프리드쇼프 난센 | 로버트 피어리 | 로알 아문센 | 로버트 스콧 | 더글러스 모슨 | 어니스트 섀클턴

Chapter 7. 하늘과 우주 탐험가 　40
솔로몬 앙드레 | 찰스 린드버그 | 아멜리아 에어하트 | 유리 가가린 | 발렌티나 테레시코바 | 닐 암스트롱 | 버즈 올드린

용어해설 　46

초기 탐험가

한노

고대 지중해의 가장 큰 무역 도시였던 카르타고의 탐험가이자 제독이에요. 함대를 이끌고 고대 역사상 가장 놀랍고도 위대한 항해를 했답니다.

아프리카 항해
한노는 3만 명의 남녀를 실은 60척의 함선을 이끌고 북아프리카의 카르타고에서 출발해 서아프리카 해안에 있는 카메룬에 도착했어요. 서아프리카에 새로운 식민지를 건설하기 위해서였지요. 한노의 항해 기록은 카르타고의 신전에 새겨져 있어요.

더 알아보기

한노의 놀라운 항해에 대해 더 알아봐요.
http://phoenicia.org/proutes.html
http://www.khoa.go.kr

연표

- c. 814 BC — 북아프리카 카르타고 건국.
- c. 7 BC 후반 — 카르타고에서 태어남.
- c. 6 BC 초반 — 함대를 이끌고 서아프리카 해안으로 출발.
- 146 BC — 로마 군이 카르타고를 함락함.

피테아스

그리스의 위대한 탐험가이자 지질학자, 천문학자예요. 기원전 4세기에 그리스 인으로는 처음으로 영국의 해안과 유럽의 해안을 탐험하고 기록으로 남겼어요.

북쪽을 향해 출발!
피테아스는 그리스에서 출발하여 영국을 지나 툴레(셰틀랜드 제도 중 한 곳), 북유럽의 발트 해와 아이슬란드까지 다녀왔다고 해요. 당시에는 북유럽을 세상의 끝으로 여겼을 때라 놀라운 도전이었다고 여길 만해요.

• 신비의 섬 툴레
툴레는 중세 지도에 신비의 섬으로 나와요.

연표

- c. 380 BC — 프랑스 마르세유(그리스 식민지)에서 태어남.
- c. 325 BC — 북서 유럽으로 여행함.
- c. 320 BC — 『바다에서』라는 견문록을 씀.
- c. 310 BC — 세상을 떠남(장소는 알려지지 않음).

현장 법사

중국 당나라의 승려였어요. 불교 성지를 방문하고 불교 경전을 공부하기 위해 인도를 여행했어요.

초기 탐험가

서유기의 삼장법사가 현장법사라고?

현장법사는 네 형제 중 막내로 태어났어요. 어려서부터 불교에 관심이 많아 여러 해 동안 정토사라는 절에서 공부한 뒤 현장이라는 법명을 얻고 승려가 되었지요. 손오공이 등장하는 『서유기』에 나오는 그 유명한 삼장법사가 바로 현장법사를 모델로 한 인물이랍니다.

현장법사의 한마디!

"여기서 죽는다고 해도 중국으로는 한걸음도 다시 돌아갈 수 없습니다."

연표

- **c. 602** 중국에서 태어남.
- **c. 622** 승려가 됨.
- **c. 629** 인도로 여행을 떠남.
- **c. 645** 중국으로 돌아옴.
- **c. 646** 인도 여행기를 완성함.
- **c. 664** 중국에서 세상을 떠남.

- **현장법사** 인도로 불경을 구하러 가는 현장법사.
- **대안탑** 현장법사가 인도에서 가져온 불경을 보관하고 있어요.

깨달음을 찾아 떠난 여행

현장법사는 629년 꿈속에서 부처의 탄생지인 인도로 순례를 떠나라는 계시를 받았다고 해요. 당시에는 외국 여행을 법으로 금지했기 때문에 현장법사는 몰래 중국을 떠나 여행길에 올랐어요. 고비 사막을 건널 때는 물이 떨어져서 죽을 고비를 여러 번 넘겨야 했어요. 현장법사는 630년에 인도에 도착한 뒤, 여러 해 동안 부처의 발자취를 찾아다녔어요. 그리고 645년에 650권이 넘는 불교 경전과 수백 가지 성물을 가지고 중국으로 돌아왔답니다. 5만 리나 되는 긴 여행길이었어요.

이 사실, 알고 있니?
현장법사가 세상을 떠났을 때 중국 황제는 너무 슬퍼서 사흘 동안 아무도 만나지 않았대요.

초기 탐험가

에이리크

용맹스러운 바이킹 탐험가이자, 처음으로 그린란드에 정착한 유럽인이에요. 붉은 머리카락 때문에 '붉은 에이리크'라는 별명을 얻었답니다.

바다의 전사, 바이킹들의 항해

스칸디나비아 출신의 바이킹들은 8세기 후반부터 11세기경까지 활약한 해양 상인들이에요. 이들은 새로운 땅을 찾아 아주 먼 곳까지 위대한 항해를 하기도 했어요.

에이리크의 한마디!

"그린란드에는 앞으로 더 많은 사람이 가고 싶어 할 것이다."

어떻게 세상을 떠났을까?

에이리크는 아일랜드에서 그린란드로 새로 이주한 사람들이 옮긴 병에 걸려 죽었어요.

연표

- c. 950 노르웨이에서 태어남.
- c. 982 아이슬란드에서 추방된 뒤 그린란드 탐험.
- c. 985 그린란드에 정착함.
- c. 1002 아들 레이프가 북아메리카를 탐험.
- c. 1003 그린란드에서 세상을 떠남.

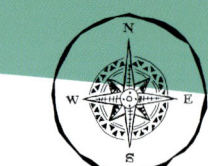

붉은 에이리크

에이리크의 아버지는 가족과 함께 고향인 노르웨이를 떠나 아이슬란드에서 살았어요. 에이리크는 살인 사건으로 인해 아이슬란드에서 추방되자 아이슬란드 서쪽에 섬이 있다는 이야기를 떠올리고 무작정 항해를 떠났어요.

- 붉은 에이리크
붉은 머리카락 때문에 붙은 에이리크의 별명이에요.

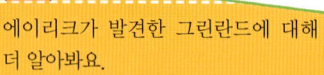
더 알아보기

그린란드에 정착하다

3년간의 추방 기간 동안 탐사를 한 붉은 에이리크는 아이슬란드로 돌아와서 자신이 '푸른 땅', 즉 '그린란드'를 발견했다며 자랑했어요. 그러고는 985년에 사람을 이끌고 그린란드로 향했답니다. 에이리크는 뛰어난 지도력을 발휘해서 섬의 남서쪽 해안에 두 개의 마을을 세웠어요.

에이리크가 발견한 그린란드에 대해 더 알아봐요.
www.greenland.com

에이리크에 대해 더 알아봐요.
www.collectionscanada.gc.ca/2/3/h3-1211-3.html

http://www.hurtigruten.kr

마르코 폴로

이탈리아의 탐험가로 유럽인 중에서 처음으로 중국을 탐험했어요.

초기 탐험가

마르코 폴로의 한마디!

"아무도 내 말을 믿으려 하지 않았기 때문에 내가 본 것의 절반도 이야기하지 않았다."

부유한 보석 상인

마르코 폴로의 아버지와 삼촌은 부유한 보석 상인이었어요. 보석을 사고팔기 위해 세계 곳곳을 누비고 다녔는데, 중앙아시아를 지나 중국까지 여행했지요. 당시 중국을 다스리던 몽골의 황제 쿠빌라이 칸은 마르코 폴로의 아버지와 삼촌을 극진히 환영했어요.

어떻게 세상을 떠났을까?
마르코 폴로는 베네치아에 있는 자신의 집에서 70세에 조용히 세상을 떠났어요.

연표

- **1254** 9월 15일 이탈리아 베니스에서 태어남.
- **1271** 중국으로 길을 떠남.
- **1275** 쿠빌라이 칸의 여름 궁전에 도착.
- **1292** 중국을 떠나 이탈리아로 향함.
- **1295** 이탈리아 베네치아에 도착.
- **1298** 제노바 감옥에 갇힘.
- **1324** 베네치아에서 세상을 떠남.

동방을 여행하다

1271년 마르코 폴로의 아버지와 삼촌은 열여섯 살인 마르코 폴로와 함께 여행을 떠났어요. 험한 산악 지대와 타는 듯한 사막을 지나야 하는 아주 길고 힘든 여행길이었어요. 1275년 5월, 일행은 마침내 중국 상두에 있는 쿠빌라이 칸의 여름 궁전에 도착했어요. 마르코 폴로는 원나라를 다스리던 쿠빌라이 칸의 신하가 되어 17년 동안 중국 곳곳을 여행했어요. 1295년 이탈리아에 도착한 마르코 폴로는 전쟁 중이던 제노바의 감옥에 갇히고 말았어요. 마르코 폴로가 감옥에서 들려준 아시아에서 겪은 이야기를 작가 루스티켈로가 받아 적어 탄생한 책이 『세계 경이의 서(동방 견문록)』랍니다.

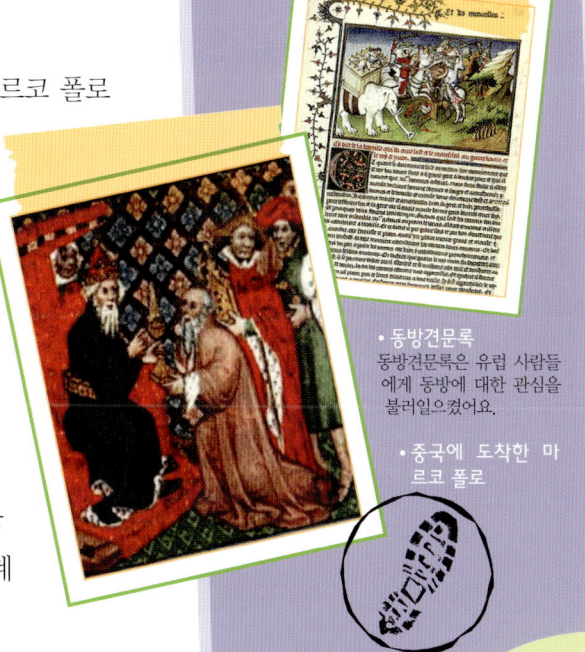

- **동방견문록**
  동방견문록은 유럽 사람들에게 동방에 대한 관심을 불러일으켰어요.
- **중국에 도착한 마르코 폴로**

초기 탐험가

이븐 바투타

중세 유럽의 가장 위대한 탐험가로, 거의 모든 이슬람 국가와 중국, 수마트라에 이르기까지 12만 킬로미터를 여행했어요.

이슬람 순례자

이븐 바투타는 모로코의 탕헤르에서 태어났어요. 이슬람 신자인 바투타는 법률 공부를 마친 뒤 사우디아라비아에 있는 이슬람 성지인 메카로 순례 여행을 떠났어요. 30년이 넘는 긴 여행이었지요. 바투타는(메카 방문을 빼고) 절대로 같은 길을 두 번은 다니지 않겠다고 맹세했답니다.

이븐 바투타의 한마디!
"중국의 암탉은 우리나라의 거위보다 크다."

어떻게 세상을 떠났을까?
바투타는 북아프리카와 중동 지역에 유행하던 흑사병으로 세상을 떠났어요.

연표

| 1304 | c. 1325 | c. 1333 | c. 1354 | c. 1360 | c. 1377 |

- 1304: 탕헤르에서 태어남.
- c. 1325: 처음으로 메카를 방문함.
- c. 1333: 인도에서 법관이 됨.
- c. 1354: 탕헤르로 돌아옴.
- c. 1360: 『여행기(리훌라)』를 남김.
- c. 1377: 탕헤르에서 세상을 떠남.

• 『여행기』
이븐 바투타의 『여행기』는 이슬람 국가와 중국, 수마트라에 이르기까지 12만 km에 달하는 광범위한 여정을 묘사한 것으로 문화 인류학적 가치가 커요.

계속되는 여행

인도 향해 길을 떠난 바투타는 1333년 델리의 이슬람 술탄의 왕궁에 도착했어요. 술탄은 바투타를 환영하고 벼슬까지 주었어요. 바투타는 얼마 동안 극진한 대접을 받으며 지냈지만 곧 술탄의 냉혹한 성격을 두려워하여 도망치듯 중국으로 몸을 피했답니다. 바투타는 25년이 지나서야 집에 돌아왔지만 얼마 뒤 다시 여행길에 올랐어요. 마지막 여행으로 바투타는 사하라 사막을 지나 팀북투에 도착했고, 1354년에 여행을 끝내고 집으로 돌아왔답니다.

정화

중국 명나라 시대의 수군 제독이자 외교관이었어요. 영락제의 명령을 따라 거대한 함대를 이끌고 세계 곳곳을 항해했어요. 그것도 일곱 번이나 말이에요.

바다 탐험가

황제의 명령

정화는 이슬람교 집안 출신이지만 중국 윈난 성에서 자랐어요. 1381년 윈난 성이 명에 의해 함락된 뒤 정화는 환관이 되었고, 영락제의 총애를 받아 궁중에서 막강한 힘을 얻었어요. 1405년 영락제는 정화를 300척의 배와 2만 8천여 명의 선원을 이끄는 최고 책임자로 임명한 뒤 서양으로 원정을 보냈어요.

어떻게 세상을 떠났을까?

1433년 마지막 항해를 끝내고 그해 여름 중국으로 돌아와 1434년에 세상을 떠났어요.

연표

- 1371 중국 윈난 성에서 태어남.
- 1405-1422 여섯 번의 항해를 함.
- 1430-1433 일곱 번째 항해를 함.
- 1434 중국에서 세상을 떠남.

• 보선
정화가 지휘한 함대에서 가장 큰 배는 전체 길이가 120미터가 넘었다고 해요.

더 알아보기

정화와 항해에 관해 더 살펴봐요.
www.dragonvoyage.com/kidszone/navigation.shtml

정화와 중국에 대해 더 알아봐요.
www.asiarecipe.com/chicheng.html

국내자료
http://www.chinaemb.or.kr/kor/

일곱 번의 항해

처음 세 번의 여행에서 정화는 동남아시아와 인도, 스리랑카를 여행했어요. 정화가 이끄는 거대한 함대에는 돛대가 아홉 개나 되는 '보선'이 여러 척 있었어요. 네 번째 여행에서 정화는 아라비아 해를 지나 페르시아 만까지 항해했어요. 정화의 여행 덕분에 중국은 세계 여러 나라에 그 힘을 자랑할 수 있었어요. 하지만 1424년 영락제가 죽자 해외여행과 무역이 금지되었어요. 정화는 1431년 겨울 마지막 원정을 떠나 동남아시아와 홍해 등지를 방문했어요.

이 사실, 알고 있니?

중국 보선 한 척에는 500명의 선원과 막대한 양의 물건을 실을 수 있었어요.

바다 탐험가

크리스토퍼 콜럼버스

이탈리아의 탐험가로, 1492년 대서양을 가로지르는 위대한 항해를 시작했어요. 동방으로 가는 새로운 무역로를 찾아 떠났다가 신대륙인 아메리카를 발견했지요.

크리스토퍼 콜럼버스의 한마디!

"마틴 알론존은 육지를 보았다고 기뻐서 소리치며 함장에게 상을 요구했다."

어떻게 세상을 떠났을까?

마지막 항해를 다녀온 뒤 건강이 나빠져서 세상을 떠났어요.

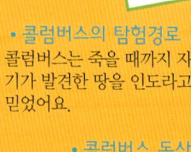

• 콜럼버스의 탐험경로
콜럼버스는 죽을 때까지 자기가 발견한 땅을 인도라고 믿었어요.

• 콜럼버스 동상

바다를 사랑한 사나이

콜럼버스는 바다를 누구보다 사랑했어요. 선원이 된 콜럼버스는 한동안 포르투갈 리스본에서 일했고, 더 먼 바다로 나가길 꿈꾸었어요. 그래서 서쪽으로 항해해 아시아에 갈 계획을 세웠지요. 하지만 먼저 후원자들을 찾아야 했어요. 다행히 스페인의 왕과 여왕이 콜럼버스를 도와주기로 했어요. 1492년 8월 콜럼버스는 산타마리아, 니냐, 핀타라는 이름의 세 척의 배를 이끌고 항해를 시작했어요.

연표

| 1451 | 1492 | 1493-1496 | 1498-1500 | 1502-1504 | 1506 |

- 1451: 이탈리아 제노바에서 태어남.
- 1492: 대서양을 가로지르는 첫 번째 항해 시작.
- 1493-1496: 두 번째 항해.
- 1498-1500: 세 번째 항해.
- 1502-1504: 네 번째 항해.
- 1506: 스페인 바야돌리드에서 세상을 떠남.

대서양을 건너서

콜럼버스는 힘든 항해 끝에 육지를 발견했어요. 카리브 해에 있는 바하마 군도의 한 섬이었지요. 그때까지 유럽에서는 아무도 몰랐던 새로운 세상에 첫발을 내디딘 것이었어요. 콜럼버스는 그 땅을 '신세계'라고 불렀어요. 그 뒤에도 세 번이나 항해를 계속한 콜럼버스는 서인도 제도를 더 탐험하고, 히스파니올라(지금의 도미니카공화국)를 스페인 식민지로 만들었어요.

바스코 다 가마

포르투갈의 항해가예요. 콜럼버스가 첫 번째 항해를 떠나고 6년 뒤에, 유럽인 최초로 인도로 가는 바닷길을 개척했어요.

바다 탐험가

항해술을 공부하다

바스코 다 가마는 군인 집안 출신이었어요. 가마의 아버지는 포르투갈 왕의 아들을 섬기는 기사였지요. 가마는 아버지의 뒤를 이어 용감한 군인이 되었고, 항해술도 공부했어요. 1497년 가마는 왕의 명령으로 아프리카를 돌아 인도로 향하는 새 무역로 개척에 나섰어요.

바스코 다 가마의 한마디!

"(코지코드의) 여자들은 목에 금과 보석을 주렁주렁 달고 다닌다."

어떻게 세상을 떠났을까?

1524년 12월 24일 인도에서 말라리아로 세상을 떠났어요.

연표

- **C. 1469** — 포르투갈의 시네스에서 태어남.
- **1497** — 7월 8일 인도로 항해를 떠남.
- **1498** — 5월에 인도 코지코드에 도착.
- **1502-1504** — 두 번째 인도 여행.
- **1524** — 인도 코친에서 세상을 떠남.

인도로 가는 항로를 개척하다

1497년 7월 8일 네 척의 배와 170명의 대원으로 이루어진 바스코 다 가마의 함대가 리스본을 출항했어요. 가마는 해안 가까이로 가지 않고 바람을 이용해 남대서양으로 향했어요. 그 당시에는 육지가 보이지 않는 곳에서 항해하는 것은 매우 위험한 일이었지요. 하지만 가마는 아프리카를 돌아 인도양을 가로질러 항해했고, 인도인 선원의 도움으로 1498년 5월 인도의 코지코드에 도착했어요.

- 다 가마의 기선 가브리엘 호

다 가마는 바스톨로뮤 디아스의 희망봉 루트를 따라 인도 항로를 개척하는데 최초로 성공했어요.

바다 탐험가

페르디난드 마젤란

포르투갈의 항해가이자 탐험가예요. 최초의 세계 일주 항해를 지휘했고, 지구가 둥글다는 사실을 입증했어요.

페르디난드 마젤란의 한마디!

"지구는 둥글다. 달에 비치는 그림자를 보면 알 수 있다."

어떻게 세상을 떠났을까?

마젤란은 필리핀 군도의 막탄 섬 원주민과의 전투에서 목숨을 잃었어요.

서쪽으로, 서쪽으로

마젤란은 어린 시절부터 궁궐에서 일하며 항해술과 지도 만드는 법을 배웠어요. 그리고 동방 무역로를 개척한 바스코 다 가마와 같은 탐험가들의 항해 이야기를 들으며 꿈을 키웠답니다. 아프리카를 돌아 동쪽으로 여러 번 항해를 다녀온 뒤 마젤란은 서쪽으로 계속 항해하면 동양에도 닿을 수 있다고 생각했어요.

연표

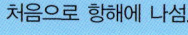

1480	1505	1517	1519	1521	1522
포르투갈의 사브로사에서 태어남.	처음으로 항해에 나섬.	스페인으로 감.	스페인에서 항해를 시작함.	4월 27일 필리핀 세부에서 세상을 떠남.	엘카노가 빅토리아 호를 이끌고 스페인으로 돌아감.

• 마젤란의 세계 일주
태평양은 마젤란이 험난한 해협(나중에 마젤란 해협으로 명명됨)을 건넌 직후에 마주한 잔잔한 바다에 감격하여 이름을 지었다고 해요.

세계를 돌아 다시 제자리로

마젤란은 1519년 9월 다섯 척의 배와 270여 명으로 이루어진 함대를 이끌고 항해에 나섰어요. 그리고 1년 뒤 오늘날 '마젤란 해협'이라고 불리는 해협을 지나 태평양에 도달했답니다. 태평양을 건너는 일은 쉽지 않았어요. 많은 선원이 굶주림과 질병으로 죽었지요. 1521년 3월, 마젤란은 마침내 괌에 도착했고, 이어서 필리핀까지 항해를 계속했어요. 마젤란은 필리핀에서 안타깝게 목숨을 잃었지만 18개월 뒤 마젤란의 배 빅토리아 호는 지구를 한 바퀴 돌아 스페인으로 돌아왔답니다.

프랜시스 드레이크

영국의 항해가이자 해군 제독이에요. 마젤란에 이어 두 번째로 세계 일주 항해를 이끌었어요. '용'이라는 별명을 가졌으며, 당시 스페인 무적함대를 무찌르는 데 중요한 역할을 했어요.

바다 탐험가

대서양으로

드레이크는 열두 살에 화물선의 선원이 되어 처음 바다에 나갔고, 늙은 선장이 죽으면서 배를 물려주어 선장이 되었어요. 몇 년 뒤, 배를 팔고 신대륙과 무역을 하는 호킨스 가문 상단에 들어간 드레이크는 신세계(지금의 미국)를 향해 첫 항해에 나섰어요. 드레이크에게 위대한 명성과 막대한 재산을 안겨 줄 대서양과 처음으로 만나게 된 것이지요.

프랜시스 드레이크의 한마디!

"이 게임에서 이기고도 스페인 사람들을 혼내 줄 시간은 충분하다."

어떻게 세상을 떠났을까?

드레이크는 이질에 걸려서 세상을 떠났고, 파나마 해안에서 가까운 바다에 수장되었어요.

연표

- 영국 데번에서 태어남. — c. 1541
- 신세계로의 첫 항해. — 1563
- 세계 일주 항해를 떠남. — 1577
- 엘리자베스 1세로부터 기사 작위를 받음. — 1581
- 스페인의 무적함대를 무찌르는 데 큰 공을 세움. — 1588
- 중앙아메리카에서 세상을 떠남. — 1596

기나긴 항해

1577년 드레이크는 다섯 척의 배와 164명의 해군을 이끌고 플리머스를 출발했어요. 엘리자베스 1세의 명령으로 무적함대인 스페인 선박을 공격하고 새로운 식민지를 개척하기 위해서였지요. 오늘날의 캘리포니아를 영국 식민지로 삼은 드레이크는 1580년 9월 26일, 골든 하인드 호에 황금과 향신료를 가득 싣고 플리머스 항에 정박했어요. 드레이크는 유럽 탐험가 중에서 미국 서부 해안을 따라 가장 많이 올라갔고, 남아메리카와 남극 대륙이 분리되어 있다는 것을 증명했어요.

• 칼레 해전
칼레 해전은 영국을 해양 국가로 급성장하게 만든 전쟁이에요.

바다 탐험가

제임스 쿡

영국의 해군 장교이자, 탐험가, 항해가예요. 세 번에 걸친 남태평양 탐사로 세계 지도를 변경시켰어요.

제임스 쿡의 한마디!

"야망이 있었기 때문에 아무도 가지 못한 먼 곳까지 갈 수 있었다."

쿡 선장

항구 도시 휘트비에서 태어난 쿡은 작은 석탄 운반선에서 항해를 배웠어요. 그러다가 영국 해군에 입대하여 해군 제독이 되었답니다. 1768년 쿡은 과학 탐사대를 이끌고 남태평양의 타히티 섬으로 탐사를 떠났어요.

어떻게 세상을 떠났을까?

하와이에서 범선을 훔치려는 원주민들과의 싸움에서 목숨을 잃었어요.

연표

- 1728 영국 요크셔에서 태어남.
- 1768–1771 타히티 탐사.
- 1772–1775 남극 탐사.
- 1776–1779 하와이 탐사.
- 1779 2월 14일 하와이에서 세상을 떠남.

• 쿡의 동상
우주 왕복선 인데버 호와 인데버 강은 쿡의 첫 번째 항해에 사용한 배의 이름을 따서 지었어요.

더 알아보기

쿡 선장 기념박물관 사이트를 둘러봐요.
www.captcook-ne.co.uk

쿡 선장에 대한 흥미로운 사실들과 다양한 사진을 볼 수 있어요.
www.cptcook.com

세 번의 탐사 여행

쿡은 태양 앞으로 지나는 금성의 움직임을 관찰하기 위해 타히티 섬으로 첫 번째 탐사 여행을 떠났어요. 두 번째 탐사는 남쪽에 있는 대륙을 찾아 나섰어요. 이때 쿡은 뉴질랜드와 오스트레일리아 해안을 자세히 조사했지만 남극 대륙을 찾지는 못했어요. 얼음 덩어리 때문에 가까이 접근할 수가 없었거든요. 마지막 탐사 지역은 하와이와 북아메리카 서부 해안이었는데, 이전까지 유럽 지도에 나와 있지 않던 넓은 태평양 지역을 항해했지요. 물론 함께 탐사에 나섰던 과학자들의 세밀한 기록도 중요한 업적으로 남았답니다.

자크 쿠스토

프랑스의 해군 장교이자 탐험가, 영화 감독, 생태학자예요. 스쿠버다이빙을 창시했고, 수중 호흡기를 개발해 바다 속 탐험에 큰 영향을 끼쳤어요.

바다 탐험가

놀라운 수중 세계

쿠스토는 1930년에 프랑스 해군에 입대했어요. 그리고 1942년 공학 기술자 에밀 가뇽과 함께 수중 호흡기를 최초로 개발했답니다. 1950년, 쿠스토는 칼립소 호를 고쳐 잠수와 영화 촬영을 위한 연구실로 만들었어요.

연표

- 1910 프랑스에서 태어남.
- 1942 에밀 가뇽과 수중 호흡기를 개발함.
- 1973 수중 세계 보호를 위한 쿠스토 재단을 만듦.
- 1997 프랑스에서 세상을 떠남.

• 바다 속을 탐험하는 쿠스토

토르 헤위에르달

노르웨이의 탐험가이자 인류학자예요. 작은 나무배를 타고 태평양과 대서양을 횡단하는 역사적 항해로 유명해졌어요.

콘티키 항해

헤위에르달은 폴리네시아 인이 태평양에 있는 섬으로 건너가 정착했다는 사실을 증명하려고 페루에서 배를 타고 남태평양에 있는 투아모토 군도까지 3개월간 항해했어요. 놀라운 건 헤위에르달 탐험대는 선사시대 남아메리카 원주민들처럼 발사나무로 만든 작은 배를 타고 항해를 성공했다는 사실이에요.

연표

- 1914 노르웨이 라르빅에서 태어남.
- 1947 투아모토 군도 탐사에 성공함.
- 1969 파피루스로 만든 '라' 호를 타고 항해를 시도함.
- 2002 이탈리아에서 세상을 떠남.

• 발사나무로 만든 뗏목
발사나무는 밀도가 낮아서 아무리 많은 물을 빨아들여도 가라앉지 않아요.

15

강과 열대 우림 탐험가

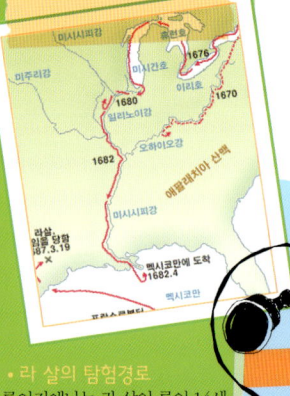

로베르 카블리에 드 라 살

프랑스 탐험가예요. 유럽 인 최초로 북아메리카의 오대호 연안을 탐험하고 미시시피 강 유역까지 두루 탐험했어요.

북아메리카를 개척하다

라 살은 인디언들에게 미시시피 강과 오하이오 강이 북아메리카 대륙을 거쳐 태평양으로 흘러간다는 말을 듣고 직접 탐험을 시작했어요. 오대호 연안을 탐험한 뒤 1680년에 일리노이에 유럽 인의 첫 정착지를 세웠어요.

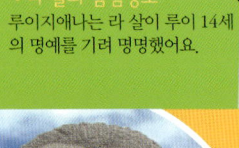

• 라 살의 탐험경로
루이지애나는 라 살이 루이 14세의 명예를 기려 명명했어요.

연표

| 1643 | 1666 | 1682 | 1687 |

- 1643 프랑스 루앙에서 태어남.
- 1666 처음으로 캐나다까지 항해.
- 1682 카누를 타고 미시시피 강까지 내려감.
- 1687 탐험 중 자객에 의해 목숨을 잃음.

샤를마리 드 라 콩다민

프랑스의 뛰어난 수학자이자 지리학자였어요. 지구의 모양과 크기에 대한 궁금증을 풀기 위해 탐사를 시작했어요.

남아메리카에서 발견한 고무

1735년, 라 콩다민은 지구의 모양과 크기를 둘러싼 논쟁에 대한 답을 찾기 위해 탐사를 떠났어요. 남아메리카에 머무르며 에콰도르 원주민이 하얀 나무 수액으로 물건을 만드는 것을 보고 '눈물 흘리는 나무', 즉 '고무'를 유럽에 소개했어요.

• 콩다민이 그린 눈물 흘리는 나무
콩다민은 아마존 강의 과학적 탐사를 최초로 성취했어요.

연표

- 1701 프랑스 파리에서 태어남.
- 1735 남아메리카 과학 탐사대를 지휘.
- 1744 프랑스로 돌아옴.
- 1751 여행기를 출간함.
- 1774 세상을 떠남.

알렉산더 폰 훔볼트

독일의 자연과학자예요. 남아메리카를 여행하며 그때까지 유럽에 알려지지 않은 수많은 동식물의 표본을 발견했어요.

강과 열대 우림 탐험가

곤충과 식물을 좋아하던 아이

알렉산더 폰 훔볼트는 독일 베를린의 한 부유한 집안에서 태어났어요. 어렸을 적부터 자연에 관심이 많았던 훔볼트는 특히 곤충과 식물, 조개껍데기 등을 채집하며 많은 시간을 보냈어요. 대학교를 졸업한 후에는 광산에서 일하며 광부들을 위해 안전 램프를 발명했어요.

알렉산더 폰 훔볼트의 한마디!

"행복은 우리가 어떤 일을 겪는지가 아니라, 마주친 일을 어떤 마음가짐으로 대하느냐에 달려 있다."

어떻게 세상을 떠났을까?

훔볼트는 89세로 베를린에서 평화롭게 눈을 감았어요.

연표

- **1769** 베를린에서 태어남.
- **1799** 봉플랑과 함께 남아메리카 탐사를 시작함.
- **1808** 프랑스 파리로 옮겨 지냄.
- **1829** 러시아와 시베리아를 여행함.
- **1845** 과학책 『코스모스』를 펴냄.
- **1859** 세상을 떠남.

- 훔볼트 동상
근대 지리학의 금자탑인 『코스모스』를 썼어요.

남아메리카에 사는 신기한 동식물들

1799년, 훔볼트는 프랑스 과학자 봉플랑과 함께 남아메리카 탐사를 떠나 5년 동안 그곳에 사는 수천 가지의 동식물 표본을 모으고 연구했어요. 전기뱀장어를 연구하기 위해 오리노코 강을 탐사하기도 했어요. 1802년에는 안데스 산맥의 침보라소 산을 오르기도 했어요. 5,800미터나 되는 어마어마한 높이의 산이었는데 말이에요. 훔볼트는 화산과 암석, 해류에 대해 광범위하게 연구했고, 페루 앞바다에는 훔볼트의 이름을 딴 '훔볼트 해류'도 있답니다. 훔볼트의 발견은 유럽의 지리와 과학 발전에 큰 영향을 끼쳤어요.

더 알아보기

훔볼트의 일생에 대해 더 읽어봐요.
http://geography.about.com/od/historyofgeography/a/vonhumboldt.htm

훔볼트와 그의 탐사 여행에 대해 더 알아봐요.
www.greatdreams.com/thor.htm

강과 열대 우림 탐험가

멍고 파크

스코틀랜드 탐험가예요. 아프리카의 니제르 강에 도달하는 데 성공했고, 아프리카 대륙의 지도를 완성했어요.

멍고 파크의 한마디!
"나는 아침 햇살에 빛나는 저 장엄한 니제르 강에 이르는 것을 오랫동안 꿈꿔 왔다."

어떻게 세상을 떠났을까?
파크의 죽음은 아직도 수수께끼예요. 니제르 강에서 익사했는지, 화살에 맞았는지 확실히 알지 못해요.

농부의 아들, 탐험가가 되다
멍고 파크는 스코틀랜드 셀커크에서 한 농부의 아들로 태어났어요. 영특했던 파크는 자라서 의학을 공부한 뒤 아시아로 항해를 떠나는 배에 일자리를 얻어 첫 탐험을 시작했어요.

연표

1771	1795	1799	1805	1806
스코틀랜드에서 태어남.	첫 번째 아프리카 탐사 여행.	『아프리카 내륙 여행』을 펴냄.	두 번째 아프리카 탐사 여행.	아프리카에서 세상을 떠남.

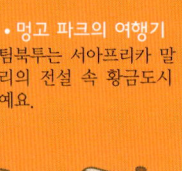

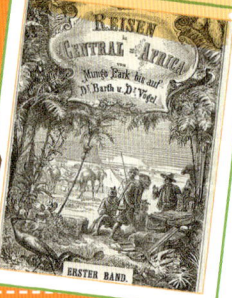
• 멍고 파크의 여행기
팀북투는 서아프리카 말리의 전설 속 황금도시예요.

파크에 대해 더 알아볼 수 있는 스코틀랜드 웹사이트:
www.electricscotland.com/history/other/park_mungo.htm

아프리카에서의 모험

1795년 파크는 아프리카 니제르 강으로 탐사를 떠났어요. 서양인으로서는 최초였지요. 파크는 1796년 7월 니제르 강을 따라 황금의 도시 '팀북투'를 찾아 탐험을 했고, 돌아와서 자세한 여행기를 남겼어요. 1805년에도 니제르 강의 근원을 찾으러 다시 아프리카로 향했지만 이때는 재난을 당했어요. 동료가 병에 걸리고 큰비 때문에 발이 묶였지요. 강을 따라 2천 킬로미터쯤 나아갔을 때 파크는 원주민들의 공격을 받고 그만 목숨을 잃고 말았어요. 파크가 세상을 떠난 사실은 몇 년이 지난 다음에야 알려지게 되었답니다.

루이스와 클라크

1804년 최초로 미국을 횡단하는 탐사대가 출발했어요. 탐사대의 대장은 루이스(오른쪽)와 클라크(왼쪽)였어요.

강과 열대 우림 탐험가

훌륭한 팀

루이스는 젊은 시절 군대에 들어가서 대위가 되고 1801년에는 대통령 비서관이 되었어요. 2년 뒤, 재퍼슨 대통령은 루이스에게 당시 프랑스의 지배를 받고 있던 루이지애나를 횡단하는 탐사대를 이끌도록 지시했어요. 루이스는 함께 갈 사람으로 군대에서 만난 친구 윌리엄 클라크를 선택했어요.

루이스와 클라크의 한마디!

"우리가 탐험한 이 넓은 강은 지구에서 가장 아름다운 절경을 갖춘 곳이다."

연표

- 1770 클라크 출생.
- 1774 루이스 출생.
- 1804 미주리 주 세인트루이스 출발.
- 1806 미주리 주 세인트루이스로 돌아옴.
- 1809 루이스가 세상을 떠남.
- 1838 클라크가 세상을 떠남.

최초의 서부 탐사

1804년 5월, 루이스와 클라크는 세인트루이스를 출발했어요. 탐사대의 임무는 대서양에서 태평양으로 건너가는 '북서 항로'를 개척하는 것이었지요. 험난한 로키 산맥을 넘고 물살이 급한 컬럼비아 강을 통과한 탐사대는 1805년 12월 드디어 태평양 연안에 다다랐어요. 이듬해 8000마일에 이르는 긴 대장정을 마치고 세인트루이스에 돌아온 두 사람은 영웅 대접을 받았고, 탐사 여행은 미국에 큰 이득을 안겨 주었어요. 또한 그동안 알려지지 않았던 내륙의 지형이나 자연 환경, 사람들에 대해 정보도 많이 얻었지요.

- 세인트루이스 전경
세인트루이스는 루이스와 클라크 원정대의 장도가 시작된 곳이에요.

- 인디언과 만난 탐사대

어떻게 세상을 떠났을까?

루이스는 1809년 10월 11일 총에 맞아 세상을 떠났고, 클라크는 1838년 9월 1일 세상을 떠났어요.

강과 열대 우림 탐험가

데이비드 리빙스턴

스코틀랜드 선교사이자 19세기의 가장 유명한 탐험가예요. 나일 강의 발원지를 찾겠다는 꿈을 가지고 아프리카 탐사를 떠났어요.

리빙스턴을 찾으러 간 스탠리의 한마디!

"제 추측이 정확하다면, 리빙스턴 박사님 맞지요?"

선교사 리빙스턴

가난한 집안에 태어난 리빙스턴은 어려서부터 방적 공장에서 일했어요. 독실한 기독교인이던 리빙스턴은 스스로 돈을 모아 의학 공부를 했고, 1840년에는 선교사가 되어 아프리카로 향했어요.

어떻게 세상을 떠났을까?

리빙스턴은 말라리아와 이질에 걸려서 아프리카 방웰루 호수 근처에서 세상을 떠났어요.

연표

- 1813 스코틀랜드에서 태어남.
- 1841 첫 번째 아프리카 여행.
- 1845 메리 모팻과 결혼.
- 1866 나일 강의 발원지를 찾아 길을 떠남.
- 1871 스탠리가 리빙스턴을 찾음.
- 1873 잠비아에서 세상을 떠남.

나일 강의 발원지를 찾아서

리빙스턴은 30여 년을 유럽 인의 발길이 닿지 않은 장소를 찾아 아프리카를 탐험했어요. 1852년부터 1856년까지 아프리카 대륙을 횡단했고, 유럽인 최초로 빅토리아 폭포를 발견했어요. 1866년 리빙스턴은 나일 강의 발원지를 찾아 길을 나섰지만 도중에 병에 걸리는 바람에 탐사를 실패했어요. 미국에서는 병에 걸린 리빙스턴을 데려오기 위해 다급히 스탠리라는 기자를 보냈지만, 설득을 무시하고 다음 탐험을 준비했답니다. 1872년, 리빙스턴은 나일 강의 발원지를 찾아 두 번째 탐사에 나섰지만 목표를 이루지 못하고 1873년 세상을 떠나고 말았어요.

- 빅토리아 폭포
리빙스턴은 유럽인 최초로 빅토리아 폭포를 발견했어요.

- 탐험 중 함께한 아프리카 원주민

메리 킹슬리

최초의 여성 탐험가예요. 아프리카에 매혹되어 강과 열대 우림을 여행하고 원주민들과 함께 생활했어요.

강과 열대 우림 탐험가

메리 킹슬리의 한마디!

"절대로 이성을 잃어서는 안 된다."

아프리카를 꿈꾼 소녀

킹슬리는 병석에 누워 있는 어머니를 돌보며 어린 시절을 보냈어요. 의사였던 아버지는 여러 곳을 여행하고 킹슬리에게 늘 이야기를 들려주었어요. 1892년 킹슬리는 아버지가 아프리카 사람들에 대해 쓰고 있던 책의 자료를 모으기 위해 아프리카에 가기로 결심했어요.

어떻게 세상을 떠났을까?

킹슬리는 군인들을 돌보러 남아프리카에 갔다가 장티푸스에 걸려 세상을 떠났어요.

연표

- **1862** 런던에서 태어남.
- **1892** 부모님이 세상을 떠남.
- **1893** 첫 번째 아프리카 여행.
- **1895** 두 번째 아프리카 여행.
- **1897** 『서아프리카 여행』 집필.
- **1900** 남아프리카에서 세상을 떠남.

아프리카에서의 모험

킹슬리는 1893년 영국을 출발해 몇 주 뒤 앙골라에 도착했어요. 아프리카에 사로잡힌 킹슬리는 2년 뒤 다시 아프리카로 향했어요. 이번 여행길에는 서아프리카의 희귀한 민물고기 표본을 찾아 달라는 대영박물관의 요청을 받았어요. 킹슬리는 카누를 타고 오고웨 강을 따라 열대 우림 깊숙한 곳까지 들어갔어요. 치마 밑에는 거머리를 막기 위해 바지까지 입었지요. 또 식인종인 팽족과 함께 며칠 밤을 보내기도 했어요. 영국으로 돌아온 킹슬리는 아프리카 사람들에 대해 강연을 하고, 『서아프리카 여행』이라는 책을 펴냈어요.

- **아프리카 최초의 여성 탐험가**
  메리 킹슬리는 아프리카를 최초로 탐험한 여성이에요.

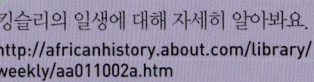
더 알아보기

킹슬리의 일생에 대해 자세히 알아봐요.
http://africanhistory.about.com/library/weekly/aa011002a.htm

영국 왕립 아프리카학회 웹사이트에서 킹슬리에 대해 알아봐요.
www.royalafricansociety.org

사막 탐험가

르네 카일리에

프랑스의 탐험가예요. 1828년 사막 도시 팀북투에 갔다가 살아서 돌아온 최초의 유럽 인이지요.

르네 카일리에의 한마디!

"여행길에 잠시 멈춰 설 때마다 땅바닥에 고꾸라지고 먹을 기운조차 없었던 것이 기억난다."

어떻게 세상을 떠났을까?

카일리에는 아프리카 여행 중에 걸린 병으로 1838년에 세상을 떠났어요.

로빈슨 크루소에 사로잡히다

제빵사의 아들로 태어난 카일리에는 일찍 학교를 그만두고 구두 만드는 일을 시작했어요. 하지만 시간이 날 때마다 『로빈슨 크루소』를 읽으며 여행가의 꿈을 키웠지요. 1824년 파리 지리학회에서 세네갈의 사막 도시 팀북투를 여행하고 돌아오는 사람에게 포상을 하겠다고 공표하자 카일리에는 자신의 운을 시험해 보기로 결심했어요.

연표

- 1799 프랑스에서 태어남.
- 1817 아프리카 세네갈로 첫 여행을 떠남.
- 1827 다시 아프리카로 떠남.
- 1828 팀북투에 도착.
- 1830 여행기를 펴냄.
- 1838 프랑스에서 세상을 떠남.

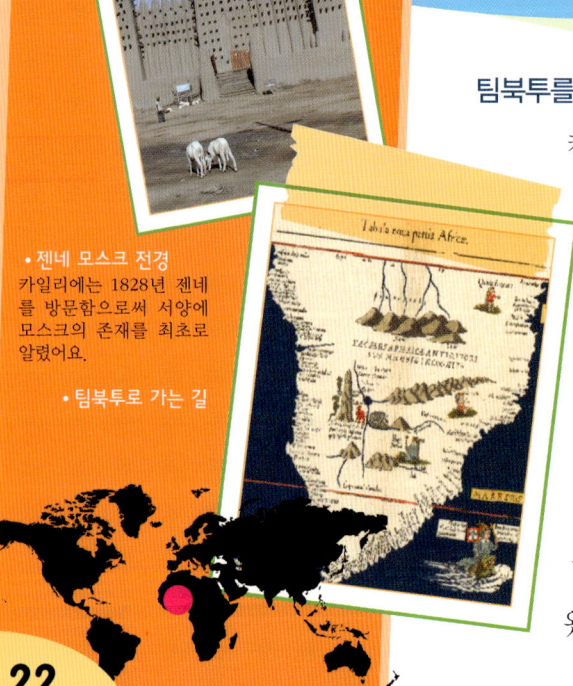

• 젠네 모스크 전경
카일리에는 1828년 젠네를 방문함으로써 서양에 모스크의 존재를 최초로 알렸어요.

• 팀북투로 가는 길

팀북투를 향해

카일리에는 1827년 3월 서아프리카에 도착했어요. 당시에는 이슬람교를 믿는 사람들만 팀북투를 지날 수 있었기 때문에 카일리에는 아랍 어를 배우고 변장을 해야 했어요. 아주 길고도 위험한 여행이었어요. 여행 중간에 병에 걸려서 5개월이나 발이 묶였어요. 1828년 4월 카일리에는 마침내 팀북투에 도착했어요. 하지만 돌아가는 것도 큰일이었지요. 카일리에는 이번에는 왔던 길과 달리 사하라 사막을 건너서 돌아가기로 했어요. 탈수로 죽을 고비를 여러 번 넘긴 끝에 카일리에는 무사히 프랑스로 돌아왔고, 훈장과 넉넉한 상금까지 받았답니다.

리처드 버턴

영국의 탐험가이자 뛰어난 학자예요. 전 세계 문화에 대해 해박한 지식을 가졌고, 무려 20여 가지 언어를 할 수 있었답니다.

사막 탐험가

리처드 버턴의 한마디!

"인생에서 가장 기쁠 때는 미지의 땅으로 여행을 떠나는 순간이다."

똑똑한 아이

영국에서 태어난 버턴은 가족과 유럽 곳곳을 여행하며 많은 공부를 했어요. 또 어려서부터 가정교사를 통해 프랑스 어, 이탈리아 어, 라틴 어 등을 배웠어요. 버턴은 머리가 좋아 옥스퍼드 대학교에 들어갔지만 학교 규칙을 어겨서 퇴학을 당했어요. 그러자 군대에 입대해 인도로 갔지요.

연표

- **1821** 영국 데본에서 태어남.
- **1853** 아라비아에 있는 메카를 여행함.
- **1858** 중앙아프리카의 탕가니카 호수를 발견함.
- **1861** 이사벨 아룬델과 결혼.
- **1886** 빅토리아 여왕에게서 기사 작위를 받음.
- **1890** 오스트리아 트리에스테에서 세상을 떠남.

더 넓은 세상으로

버턴은 1853년 이슬람교도로 변장한 뒤 이슬람 성지인 메카로 향했어요. 이슬람교도가 아닌 사람은 메카에 들어갈 수 없었기 때문이지요. 그 뒤 아프리카 탐험에 나서서 군인이자 탐험가인 존 해닝 스피크를 만났어요. 두 사람은 1857년 나일 강의 발원지를 찾아 아프리카로 여행을 떠났고, 1858년 2월 탕가니카 호수를 발견했어요. 하지만 고향으로 돌아온 지 얼마 되지 않아 스피크는 사냥 사고로 죽고, 버턴은 외교관이 되어 다른 나라를 방문하기 바빴어요. 버턴은 '세계 문학사상 가장 위대한 걸작'이라 불리는 『아라비안나이트』를 영어로 번역하는 업적을 남겼어요.

- 버턴이 번역한 아라비안 나이트
- 나일 강을 탐험하는 버턴

리처드 버턴은 존 해닝 스피크와 함께 나일 강의 수원을 탐색해 가장 유명한 19세기의 탐험가가 돼요.

어떻게 세상을 떠났을까?

버턴은 심장마비로 세상을 떠났어요. 런던에 있는 버턴의 묘지는 베두인 족 텐트 같아요.

사막 탐험가

버크와 윌스

오스트레일리아를 남쪽에서 북쪽으로 횡단한 최초의 유럽 인은 로버트 오하라 버크(왼쪽)와 윌리엄 윌스(오른쪽)였어요. 하지만 두 사람은 집에 돌아오지 못하고 세상을 떠나고 말았어요.

버크와 윌스의 한마디!

"모든 것을 운명에 맡기는 수밖에……."

어떻게 세상을 떠났을까?

버크와 윌스는 쿠퍼 계곡에서 굶주림과 일사병으로 죽었어요.

탐사 대장 버크와 윌스

19세기 중반까지 영국에서 온 정착민들은 오스트레일리아의 해변에만 마을을 세웠어요. 오스트레일리아의 중심은 그때까지 신비에 싸여 있었지요. 그리하여 남오스트레일리아 정부가 그곳에 탐사대를 보내기로 결정했어요. 버크와 윌스가 탐사대를 이끌었답니다.

연표

- **1821** 아일랜드에서 버크가 태어남.
- **1834** 영국에서 윌스가 태어남.
- **1852** 윌스가 오스트레일리아로 이주함.
- **1853** 버크가 오스트레일리아로 이주함.
- **1860** 버크와 윌스가 오스트레일리아 횡단 탐사대를 지휘함.
- **1861** 버크와 윌스가 쿠퍼 계곡에서 세상을 떠남.

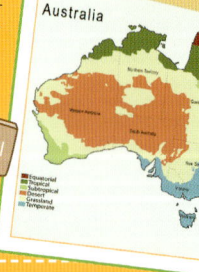

• 오스트레일리아 지도
탐험에 필요한 물품 조달 팀은 버크와 윌스가 도착하기 4일 전에 약속 장소에서 떠나게 돼요.

오스트레일리아 횡단

탐사대는 1860년 8월 20일 멜버른을 출발했어요. 그리고 10월에 메닌디에 도착해서 두 팀으로 나뉘었지요. 버크와 윌스, 존 킹, 그리고 찰스 그레이는 쿠퍼 계곡을 향했어요. 이듬해 2월, 네 사람은 모래 바람을 헤치고 오스트레일리아 북부 카펜타리아 만에 도착했어요. 횡단에 성공한 것이지요. 하지만 돌아오는 길은 정말 힘들었어요. 1861년 4월 그레이가 먼저 세상을 떠났어요. 굶주림과 피로에 지친 나머지 세 사람은 간신히 쿠퍼 계곡까지 왔지만 그곳은 텅 비어 있었어요. 지원팀이 며칠 차이로 떠나 버렸기 때문이지요. 버크와 윌스는 6월에 죽었어요. 몇 달 뒤 구조대는 오스트레일리아 원주민과 함께 살고 있는 킹을 발견했어요.

더 알아보기

버크와 윌스에 대해 더 알아봐요.
www.burkeandwills.net.au/

버크와 윌스의 탐사 여행에 대해 쉽게 설명해 놓은 사이트:
http://www.kidcyber.com.au/topics/bwinfo.htm

오스트레일리아 내륙을 횡단한 탐사대의 발자취를 따라가 봐요.
http://victoria.slv.vic.gov.au/burkeandwills

거트루드 벨

영국의 고고학자예요. 런던의 편안한 생활을 버리고 중동 지역을 탐험했으며, 여성 최초로 아라비아 사막을 횡단했어요.

사막 탐험가

고고학자의 탄생

거트루드 벨은 영국 더럼의 한 부유한 집안에서 태어났어요. 옥스퍼드 대학에서 역사학을 공부한 벨은 졸업하고 나서 페르시아에 있는 삼촌을 방문했어요. 그리고 그때부터 10년 동안 세계를 여행하며 고고학을 연구하고, 아랍 어와 페르시아 어를 비롯한 여러 나라의 언어를 배웠답니다.

거트루드 벨의 한마디!

"사막은 동쪽과 북쪽 그리고 남쪽으로 펼쳐져 있고 그 위로는 부드러운 햇볕이 내리쬐고 있다."

연표

- 1868 영국에서 태어남.
- 1895 옥스퍼드 대학교 입학.
- 1909 메소포타미아 지역 여행.
- 1915 이집트 카이로에서 고문으로 일함.
- 1920 바그다드에서 동방 비서관으로 임명됨.
- 1926 바그다드에서 세상을 떠남.

이 사실, 알고 있니?

벨은 이라크 바그다드에 고고학 박물관을 건립할 수 있도록 도왔어요.

중동에서의 값진 경험

벨은 1899년 중동 지역을 여행하며 팔레스타인과 시리아를 방문했어요. 그리고 1905년 다시 방문해 많은 고대 유적지를 탐사했답니다. 아라비아 사막을 횡단한 뒤에는 자신의 경험을 담은 책을 펴내기도 했지요. 이 책으로 유럽인이 처음으로 중동 지역에 대해 알게 되었다고 해요. 1914년, 제1차 세계 대전이 일어나자 벨은 자원해서 프랑스 적십자사를 도와 일했어요. 전쟁이 끝난 뒤에는 갓 독립한 이라크를 위해 일했어요.

- 사막을 여행한 벨
벨은 '이라크 무위 여왕'이라는 별칭이 붙었어요.
- 이집트에서 처칠 대통령과 함께한 벨

사막 탐험가

스벤 헤딘

스웨덴의 탐험가이자 지질학자예요. 목숨을 걸고 중앙아시아의 타클라마칸 사막을 건넜지요. 그것도 두 번씩이나요.

스벤 헤딘의 한마디!

"내 원칙은 이전에 누구도 다녀온 적이 없는 곳만을 탐험하겠다는 것이다."

탐험을 할 거야

헤딘은 스웨덴의 스톡홀름에서 태어났어요. 어릴 적부터 탐험가가 되고 싶었던 헤딘은 스톡홀름 대학교에서 공부한 뒤, 카스피 해에 있는 바쿠에서 가정교사로 일하게 되면서 처음으로 여행을 시작했어요. 그 뒤 지리학과 지질학을 연구하기 위해 스웨덴으로 돌아왔다가 얼마 뒤 다시 여행길에 올랐어요.

이 사실, 알고 있니?

헤딘은 두 번이나 티베트에 있는 '라사'에 가려고 했지만 실패했어요.

연표

1865	1894	1899–1902	1928–1934	1952
스웨덴 스톡홀름에서 태어남.		티베트에 있는 라사에 가려고 시도함.		스톡홀름에서 세상을 떠남.
	중앙아시아의 타클라마칸 사막 횡단.		중국–스웨덴 탐사대를 이끎.	

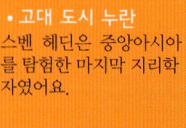

• 고대 도시 누란
스벤 헤딘은 중앙아시아를 탐험한 마지막 지리학자였어요.

타클라마칸 사막을 여행할 때 적은 그의 일기를 읽어봐요.
www.iras.ucalgary.ca/~volk/sylvia/SvenHedin.htm

헤딘의 일생에 대해 더 알아봐요.
www.iranica.com

죽을 고비를 넘긴 사막 여행

헤딘은 1893년 그의 일생에서 가장 중요한 여행길에 올랐어요. 한겨울에 산악 지대를 지나 아시아로 여행을 떠난 것이지요. 헤딘은 안내인 세 명과 함께 낙타 여덟 마리를 끌고 타클라마칸 사막을 건넜어요. 하지만 도중에 물이 다 떨어지는 바람에 큰 위기가 닥쳤어요. 사막에 있는 고탄 강을 찾고 싶었지만 도저히 찾을 수가 없었어요. 일행 두 명과 데려간 낙타가 모두 죽었어요. 헤딘과 나머지 사람들은 천신만고 끝에 물을 발견해서 겨우 살아남았어요. 목숨을 건 여행길이었지만 헤딘은 그 뒤로도 타클라마칸 사막을 다시 찾아와 횡단을 했어요. 고국에 돌아와서는 여행에 대한 강연도 하고, 책도 쓰고, 자신이 여행했던 곳의 지도를 만들기도 했어요.

마크 아우렐 스타인

헝가리 태생의 영국 고고학자이자 탐험가예요. 중앙아시아 고비 사막에 있는 '둔황 천불동(千佛洞)'을 발견했답니다.

사막 탐험가

사막에서의 귀중한 발견

스타인은 세 번이나 중앙아시아를 탐험했어요. 그중 2차 여행 때 둔황 천불동을 발견했어요. 고대 불교 경전과 벽화와 조각들로 가득한 둔황 천불동은 사막의 건조한 공기 덕택에 훼손되지 않고 잘 보존되어 있었어요. 스타인은 탐험을 통하여 지리학뿐 아니라 고고학에도 많은 책과 업적을 남겼어요.

• 둔황 천불동

연표

- 1862 헝가리 부다페스트에서 태어남.
- 1888 인도 펀자브 대학교 초청을 받음.
- 1907 둔황 천불동을 발견함.
- 1943 아프가니스탄 카불에서 세상을 떠남.

윌프레드 세시저

영국의 탐험가이자 작가예요. 1940년대에 물 한 방울 찾아볼 수 없는 아라비아의 전설적인 사막 룹알할리를 횡단했어요.

텅 빈 사막 '룹알할리'

세시저는 1946년부터 1948년 사이에 룹알할리 사막을 두 번이나 건넜어요. 5년 동안 사막의 유목민인 베두인 족과 함께 살면서 그 경험을 글로 쓰기도 했지요. 책에는 65만 평방킬로미터에 달하는 드넓은 사막을 건너면서 겪은 추위와 더위, 배고픔, 외로움 등이 생생하게 기록돼 있답니다.

• 지도로 보는 룹알할리
룹알할리는 사하라 사막에 이어 세계에서 두 번째로 넓은 사막이에요.

연표

- 1910 에티오피아의 수도 아디스아바바에서 태어남.
- 1959 『아라비아 모래』를 펴냄.
- 1995 영국에서 기사 작위를 받음.
- 2003 영국 서리에서 세상을 떠남.

산 탐험가

미셸 가브리엘 파카르

프랑스 태생의 의사로 1786년 세계 최초로 몽블랑 산에 올랐어요. 몽블랑 산은 4,808미터 높이로 알프스 산맥에서 가장 높은 봉우리예요.

알프스의 개척자

1786년 8월 8일, 파카르와 산악 안내인 자크 발마는 14시간 만에 몽블랑의 정상에 올랐어요. 비록 동상과 설맹 증상 때문에 바로 정상에서 내려올 수밖에 없었지만 말이에요. 그 뒤 사람들은 불가능하다고 믿었던 알프스 산도 도전하여 극복할 수 있다고 여기게 되었어요.

• 몽블랑 산
몽블랑은 유럽에서 가장 높은 산이에요.

연표

1757	1783	1786	1827
프랑스 샤모니에서 태어남.	처음으로 몽블랑 등반을 시도함.	몽블랑 정상에 오름.	프랑스 샤모니에서 세상을 떠남.

에드워드 휨퍼

영국의 등산가이며, 산악계의 전설적인 인물이에요. 1865년 알프스 산맥에 있는 마터호른 산에 처음으로 올랐답니다.

마터호른을 정복하다

휨퍼는 1860년 알프스 산맥에 관한 책에 넣을 그림을 그리기 위해 알프스를 처음 찾았고, 그 뒤 본격적인 등산가가 되었어요. 휨퍼가 이끈 등반대는 마터호른을 정복하기 위한 여덟 번째 원정에서 1865년 7월 14일 드디어 정상에 올랐어요. 하지만 하산하는 길에 등반대 중 네 명이 목숨을 잃었어요.

• 마터호른 산

연표

1804	1865	1880	1911
4월 27일 영국 런던에서 태어남.	마터호른 산 정상에 오름.	안데스 산맥의 침보라소 산 등반.	세상을 떠남.

28

하이럼 빙엄

미국의 역사가이자 고고학자였어요. 예일 대학 교수로도 일했지요. 오랫동안 사람들의 기억에서 사라진 도시였던 안데스 산맥 마추픽추에 있는 잉카 제국의 유적을 발견했어요.

산 탐험가

하이럼 빙엄의 한마디!

"잉카 유적지는 세계 어느 곳과도 비교할 수 없는 다양한 매력과 마력적인 힘을 갖고 있다."

예일 대학 교수가 되다

하이럼 빙엄은 학창 시절 영특하고 모범적인 학생이었어요. 미국에 있는 세 곳의 대학교에서 학위를 받고, 1907년에는 예일 대학교에서 남아메리카 역사를 가르쳤답니다.

연표

| 1875 | 1907 | 1911 | 1924–1933 | 1948 | 1965 |

- 1875: 하와이에서 태어남.
- 1907: 예일 대학교에서 강의함.
- 1911: 마추픽추 유적을 발견함.
- 1924–1933: 미국 정치인으로 활동.
- 1948: 『잉카의 잃어버린 도시』를 펴냄.
- 1965: 미국 워싱턴 D.C.에서 세상을 떠남.

- 세계 불가사의 중 하나인 마추픽추
마추픽추에는 계단식 밭과 물을 효과적으로 활용한 배수로가 잘 정비되어 있어요.

더 알아보기

빙엄과 마추픽추에 대해 더 알아봐요.
www.machupicchu.com

빙엄의 마추픽추 발견에 대해 읽어봐요.
www.nationalgeographic.co.uk/inca/machu_picchu.html

마추픽추의 역사에 대해 알아봐요.
www.andeantravelweb.com/peru/destinations/machupicchu/machu-picchu-history-discovery.html

잃어버린 고대 도시 '잉카'

1908년 빙엄은 과학 학회에 참석하기 위해 페루에 갔어요. 거기서 고대 도시 잉카에 관한 이야기를 들었지요. 수세기 동안 아무도 그곳을 못 찾았어요. 유적을 발굴할 생각에 들뜬 빙엄은 1911년 다시 페루에 돌아왔어요. 몇 주 동안 안데스 산맥을 탐사하던 빙엄은 산 정상에 있는 오래된 유적을 발견했어요. 550년 전에 지어진 고대 잉카 제국의 유적이었지요. 그리고 산의 이름을 따서 그 도시를 마추픽추라고 불렀어요. 마추픽추는 오늘날 세계에서 가장 유명한 관광지예요. 빙엄은 미국 군대에 들어가 조종사로 활약한 후 나중에는 정치가가 되었어요.

이 사실, 알고 있니?
빙엄은 『잉카의 잃어버린 도시』를 포함해 많은 여행기를 남겼어요.

29

산 탐험가

허드슨 스턱

영국의 탐험가이자 선교사예요. 알래스카에 있는 매킨리 산을 등정하는 데 성공했어요. 매킨리 산은 북아메리카에서 가장 높은 산이에요.

허드슨 스턱의 한마디!

"나는 알래스카에서 풍부한 금광을 갖는 것보다 저 산을 오르는 편을 택할 것이다."

신부에서 등반가로

영국에서 태어난 스턱은 어렸을 적에 미국으로 이민을 갔어요. 스턱은 학교를 졸업하고 성공회 신부가 되었는데, 1905년 알래스카로 파견되어 일생을 거기서 보냈답니다.

어떻게 세상을 떠났을까?

스턱은 57세에 폐렴에 걸려서 세상을 떠났어요.

연표

1863	1885	1905	1913	1920
런던에서 태어남.	미국으로 이민.	유콘 강 유역의 부주교가 됨.	매킨리 산 정상에 오름.	알래스카에서 세상을 떠남.

• 눈에 덮힌 매킨리
스턱의 매킨리 등정으로 프레드릭 쿡이 발표한 매킨리 정상 사진은 가짜라는 게 밝혀졌어요.

매킨리 산을 오르다

1913년 3월 17일 스턱은 매킨리 산(데날리 산)에 오르기 위해 길을 나섰어요. 3년 전에 매킨리 산의 북쪽 봉우리를 사람들이 등반했기 때문에, 스턱은 더 높은 남쪽 봉우리를 목표로 삼았어요. 등반 과정은 무척이나 힘이 들었어요. 거대한 얼음 덩어리가 길을 막고 있는 일이 대부분이었으니까요. 한번은 눈보라 때문에 텐트 안에 갇히기도 했어요. 스턱은 6월 7일 정오쯤에 정상에 도착해서 산의 높이(6,194 미터)를 측정하고 두 시간 정도 머물렀어요. 또 손수건 두 장으로 만든 작은 미국 국기를 게양했지요.

더 알아보기

스턱의 일생을 간략하게 설명해 놓은 사이트:
www.tshaonline.org/handbook/online/articles/SS/fst86.html

매킨리 산을 올라가려고 했던 사람들에 대해 알아봐요.
www.abc-of-mountaineering.com/articles/m_history.asp

30

힐러리와 노르게이

1953년 5월 29일, 에드먼드 힐러리(왼쪽)와 텐징 노르게이(오른쪽)는 최초로 에베레스트 산 정상에 올랐어요. 에베레스트 산은 해발 8,848미터로 지구에서 가장 높은 산이에요.

산 탐험가

양봉업자와 셰르파의 만남

네팔 출신의 텐징 노르게이는 셰르파였어요. 셰르파들은 네팔의 산악 지대에서 살기 때문에 산에 대해서 잘 알아요. 노르게이는 1953년 이전에도 여러 번 에베레스트 산 등반을 시도했어요. 에드먼드 힐러리는 벌을 기르는 양봉업자였어요. 학창 시절에 등반을 시작한 힐러리는 히말라야 산맥까지 올랐어요.

힐러리와 노르게이의 한마디!

"사람들은 훌륭해지겠다는 결심보다 훌륭한 일을 해내겠다고 결심한다."

연표

- **1914** 네팔에서 노르게이 출생.
- **1919** 뉴질랜드에서 힐러리 출생.
- **1953** 노르게이와 힐러리가 에베레스트 산 정상에 오름.
- **1986** 인도에서 노르게이가 세상을 떠남.
- **2008** 뉴질랜드에서 힐러리가 세상을 떠남.

이 사실, 알고 있니?

힐러리와 노르게이는 산소 부족 때문에 정상에 15분밖에 있지 못했어요.

세계의 지붕인 '에베레스트' 원정

1953년, 노르게이와 힐러리는 영국 에베레스트 원정대에 들어갔어요. 물러서지 않는 성격과 굳은 의지를 가진 두 사람은 훌륭한 팀을 이루었어요. 5월 29일, 두 사람은 8,370미터 부근에 있는 마지막 기지를 출발해 정상을 향했어요. 목표를 바로 눈앞에 두고 12미터가 넘는 커다란 바위가 길을 막고 있었어요. 힐러리와 노르게이는 바위틈을 밟고 간신히 위로 올라갔답니다. 마침내 오전 11시 30분, 두 사람은 정상에 도착했어요. 무사히 돌아온 힐러리와 노르게이는 훈장과 상을 많이 받았어요.

• **힐러리와 노르게이**
노르게이는 세계 최초로 에베레스트 산을 등정한 월일을 생일로 정했다고 해요.

산 탐험가

라인홀트 메스너

이탈리아의 산악인으로 세계 최초로 히말라야의 14좌를 모두 올랐어요. 히말라야 14좌는 8000미터 이상의 높은 산을 말해요.

성공적인 등반

1970년, 메스너는 히말라야 산맥 서쪽 끝에 있는 낭가파르바트 산에 올랐어요. 1978년에는 처음으로 에베레스트를 산소통 없이 무산소로 등정하는 데 성공했지요. 1980년에는 최초로 혼자 에베레스트에 올랐어요. 1986년 메스너는 세계에서 가장 높은 14좌를 모두 오른 최초의 인물이 되었어요.

• 무산소 등정에 성공한 메스너

연표

1944	1970	1978	1986
이탈리아 남부 티롤에서 태어남.	에베레스트 산 무산소로 등정.	혼자 에베레스트 산에 오름.	로체를 마지막으로 세계 최고봉에 모두 오름.

반다 루트키에비츠

폴란드의 위대한 여성 등반가예요. 에베레스트 산을 등정하는 데 성공한 유럽 최초의 여성이자 K2를 등반한 최초의 여성이에요.

비극적인 이야기

바르샤바 공대를 우수한 성적으로 졸업한 반다는 1973년 10월 16일 여성으로서 세 번째로 에베레스트를 등정했어요. 22년간 히말라야의 8,000미터 급 봉우리를 여덟 곳이나 등정했으나, 1992년 안타깝게도 네팔에 있는 칸첸중가 등반 도중 실종됐어요.

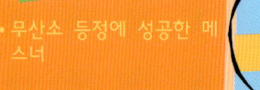

더 알아보기

루트키에비츠에 대해 더 알아보려면:
www.everestnews.com/history/wanda.htm

연표

1943	1978	1986	1992
폴란드에서 태어남.	에베레스트 산 등정.	여성 최초로 K2에 오름.	칸첸중가 등정 중 세상을 떠남.

비투스 베링

덴마크 태생의 탐험가예요. 알래스카를 탐험한 최초의 유럽인이지요.

극지방 탐험가

아시아로 가는 길을 개척하다

베링은 젊었을 때 동인도 제도로 가는 배의 선원으로 일하다가 나중에 러시아 해군 장교가 되었어요. 위대한 탐험가의 일생이 시작되는 순간이지요. 1724년 베링은 얼어붙은 시베리아 서부를 탐사하기 위해 길을 나섰어요.

이 사실, 알고 있니?
베링 해협, 베링 해, 그리고 베링 빙하는 모두 베링의 이름을 붙인 거예요.

연표

| 1681 | 1703 | 1725-1730 | 1733 | 1741 |

- 1681: 덴마크에서 태어남.
- 1703: 러시아 해군에 입대.
- 1725-1730: 시베리아 탐사대를 이끌고 탐험을 떠남.
- 1733: 북부 대탐사를 준비함. 두 번째 시베리아 탐사길에 오름.
- 1741: 12월 19일 세상을 떠남.

어떻게 세상을 떠났을까?
베링은 비타민C가 부족해서 생기는 괴혈병으로 세상을 떠났어요.

알래스카로 출발!

1725년 1월 러시아의 상트페테르부르크를 출발한 베링 탐사대는 러시아 대륙을 육로로 이동하고, 오호츠크 해를 가로질러 1728년 3월에 캄차카 반도 동쪽 해안에 도착했어요. 베링은 7월 13일 탐사 대원 43명을 이끌고 캄차카 반도의 동해안을 따라 탐험을 시작해 8월 15일에 아시아 대륙의 동쪽 끝에 이르렀어요. 아시아 대륙과 알래스카 대륙 사이의 해협을 통과한 베링은 북극해까지 나아갔지만, 짙은 안개 때문에 알래스카 대륙을 눈으로 확인하지는 못했다고 해요.

• 알래스카와 베링 해
러시아는 베링의 탐험으로 아시아가 아메리카에 연결되어 있지 않다는 사실을 확인하였고, 알래스카를 모피 산지로 개발할 수 있었어요.

33

극지방 탐험가

존 프랭클린

영국의 해군 장교이자 탐험가예요. 대서양과 태평양을 연결하는 캐나다 북극 해로인 북서 항로를 개척하기 위해 탐험을 떠났어요.

존 프랭클린에 대한 한마디!

"영국 해군 군함 테러 호와 에레버스 호는 4월 22일 버려졌다. 존 프랭클린 경은 1847년 6월 11일 세상을 떠났다."

어떻게 세상을 떠났을까?

배핀 만 부근에서 배가 얼음에 갇히는 바람에 프랭클린과 선원들이 구조를 기다리다 목숨을 잃었어요.

열네 살에 해군 입대

상인의 아들로 태어난 프랭클린은 아버지를 설득해 영국 해군에 열네 살에 입대했어요. 수많은 항해에 참여했던 프랭클린은 오스트레일리아 해변을 탐사하고 북극 탐사도 두 번이나 다녀왔어요. 1828년 조지 4세는 프랭클린에게 기사 작위를 수여하고 나중에는 태즈메이니아 섬을 다스리는 일도 맡겼어요.

연표

1786	1819	1823	1837-43	1845	1847
영국에서 태어남.	첫 번째 북극 탐사.	두 번째 북극 탐사.	오스트레일리아 태즈메이니아 섬의 총독이 됨.	북서 항로 탐사 원정대를 지휘함.	세상을 떠남.

• 북서 항로
북서 항로의 운항이 시작되면 우리의 유럽 수출에 드는 물류비가 대폭 절감 된다고 해요.

더 알아보기

영국 국립 해양 박물관에서 프랭클린에 대해 더 알아봐요.
www.nmm.ac.uk

정보가 가득한 사이트
www.collectionscanada.gc.ca/2/3/h3-1810-e.html

북서 항로 개척을 위해

1845년, 프랭클린은 북서 항로를 찾기 위해 조직한 북극 탐사 원정대 지휘를 맡았어요. 북서 항로는 얼어붙은 북아메리카 대륙의 북부 지역을 가로지르는 무역로였어요. 유럽 선원들이 수세기 동안 애타게 찾던 항로였지요. 프랭클린의 계획은 그린란드 북쪽으로 올라간 다음 서쪽으로 향하는 것이었어요. 원정대는 그해 7월 배핀 만에 도착했지만, 이후로 실종되고 말았어요. 프랭클린의 실종 소식이 영국에 전해지자 대규모의 구조 작전이 시작되었어요. 1859년 구조대는 킹윌리엄 섬에서 원정대의 유해와 탐사 기록을 발견했어요.

프리드쇼프 난센

노르웨이의 탐험가이자 외교관, 정치가예요. 처음으로 그린란드를 횡단했고, 나중에는 얼음을 뚫고 나갈 수 있는 배를 만들어 타고 북극을 항해했어요.

극지방 탐험가

얼음으로 둘러싸인 북극을 향해

난센은 과학 지식이 매우 풍부할 뿐 아니라 노르웨이 오슬로 대학교에서 동물학까지 공부했어요. 또 스키를 아주 잘 탔지요. 1882년 난센은 북극 탐험용 배를 특수하게 설계해서 만든 뒤 그린란드 항해에 나섰어요. 얼음으로 둘러싸인 북극이 난센의 온 마음을 사로잡았기 때문이에요.

프리드쇼프 난센의 한마디!

"두려움에 멈춰 서서는 안 된다. 그것은 정말 잘못된 일이다."

연표

1861	1882	1888	1893-1896	1922	1930
노르웨이에서 태어남.	첫 번째 그린란드 항해.	걸어서 그린란드를 횡단함.	프람 호를 타고 북극 항해에 나섬.	노벨 평화상 수상.	노르웨이에서 세상을 떠남.

북극 탐험을 떠나다

1888년 난센은 그린란드의 동쪽 끝에서 출발해서 서쪽 끝까지 횡단하기로 결심했어요. 난센은 노르웨이에 돌아와서 다음 여행을 계획하고 여러 편의 글과 책을 남겼어요. 드디어 1893년 얼음의 압력을 견딜 수 있도록 설계된 프람 호를 타고 북극 탐사에 나섰지요. 하지만 도중에 프람 호가 얼어붙는 바람에 난센은 동료 한 사람과 배에서 내려 스키를 타고 북극점으로 향했어요. 4월 8일 두 사람은 그 당시 사람이 도달한 범위에서는 가장 위도가 높은 북위 86°14′ 지점에 닿았어요. 노르웨이로 돌아온 난센은 정치가로 활동했고, 러시아 난민들을 도운 공로로 노벨 평화상을 받았답니다.

• 얼음 속에 갇힌 프람 호
'전진'을 의미하는 프람 호는 노르웨이의 항해사를 통틀어 가장 유명한 선박이며 극지 탐험의 상징과도 같은 존재예요.

어떻게 세상을 떠났을까?

1930년 5월 13일 노르웨이 오슬로 근교의 집에서 평화롭게 눈을 감았어요.

극지방 탐험가

로버트 피어리

미국 해군 지휘관이자 탐험가예요. 1909년 4월 6일 최초로 북극점에 도달하는 기록을 세웠어요. (실제로는 북극점에서 40킬로미터 못 미친 지점이었어요.)

탐사 여행의 시작

1886년 피어리는 북극 탐험에 뜻을 품고는 개썰매를 타고 여러 번 그린란드를 탐사했어요. 탐사 여행에서 돌아온 피어리는 북부 해안의 지도를 그려서 그린란드가 섬이라는 것을 증명해 보였어요. 그 뒤 몇 달 동안 북극에 사는 이누이트 족의 생존 기술을 배우기도 했어요. 피어리의 꿈은 북극점에 도달하는 것이었어요.

로버트 피어리의 한마디!

"드디어 북극점이다! 사람들이 3세기 동안 찾던 곳, 내가 23년 동안 꿈꿔 온 그곳이 지금 내 눈앞에 있다!"

이 사실, 알고 있니?

피어리의 딸 마리는 피어리와 함께 탐험길에 오른 그의 아내 조세핀이 북극에서 낳았어요.

연표

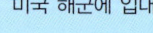

- **1865** 미국 펜실베이니아에서 태어남.
- **1881** 미국 해군에 입대.
- **1886** 첫 번째 그린란드 탐사.
- **1902** 처음으로 북극점에 도달하려고 시도.
- **1909** 4월 6일 북극점에서 40킬로미터 떨어진 지점에 도달.
- **1920** 2월 20일 세상을 떠남.

북극점을 향해

피어리는 목표를 꼭 이루겠다는 의지를 다지며 1908년에 북극점을 향해 출발했어요. 이듬해 초 엘즈미어 섬의 기지를 출발한 피어리와 동료인 매슈 헨슨, 이누이트 족 네 사람은 성공적으로 북극점에서 40킬로미터 못 미친 지점에 도달했어요. 피어리의 북극점 정복에 대한 사실은 논란이 100년 동안 계속되다가 1996년 피어리의 새로운 탐사 일지가 발견되면서 밝혀지게 되었어요.

• 북극점 탐험에 나서는 피어리

피어리는 해빙 위를 걸어서 북극점에 도달하려는 생각 때문에 그린란드에 집착했다고 해요.

로알 아문센

가장 위대한 극지 탐험가 중 한 사람이에요. 최초로 남극점에 도달했고 최초로 북서 항로 항해에 성공했어요.

극지방 탐험가

의학은 나에게 맞지 않아

아문센은 선원의 아들로 태어났지만 어머니의 바람에 따라 의학 공부를 했어요. 하지만 어머니가 돌아가신 뒤 의학 공부를 그만두고 탐험가의 길로 들어섰지요. 아문센은 프랭클린과 난센의 영향을 받아 극지방 탐험을 꿈꾸었어요. 1897년부터 1899년 사이에는 남극을 항해했고, 1903년에는 미국 북부에 있는 북서 항로를 최초로 항해했어요.

로알 아문센의 한마디!

"결국 우리는 남극점에 도착해 깃발을 꽂았다. 신께 감사한다."

어떻게 세상을 떠났을까?

북극에서 실종된 사람들을 구하러 갔다가 목숨을 잃고 말았어요.

연표

- 1872 노르웨이에서 태어남.
- 1903-1906 북서 항로 항행.
- 1910-1912 최초의 남극점 탐사대를 지휘함.
- 1926 비행선으로 북극을 횡단함.
- 1928 세상을 떠남.

- 남극점에 게양된 노르웨이 국기
아문센이 인류 최초로 남극점에 도달할 수 있었던 것은 개를 이용해서 썰매를 끄는 치밀한 준비 덕분이었다고 해요.

더 알아보기

아문센과 그의 놀라운 여행에 대해 더 알아봐요.
www.south-pole.com/p0000101.htm

아문센의 일생에 대해 읽어봐요.
www.norway.org.uk/?querystring=amundsen

남극점을 향해

아문센은 처음에 북극점을 정복하려는 계획을 세웠지만 피어리가 먼저 북극점에 도달했다는 소식을 듣고 남극점으로 방향을 바꾸었어요. 그래서 영국의 탐험가 스콧이 이미 남극점을 향해 떠났다는 사실을 듣고, 부랴부랴 남극점을 향해 출발했지요. 아문센은 1911년 10월 남극 고래만 기지를 출발해, 12월 14일 스콧보다 한 달 먼저 남극점에 도달했어요. 그 뒤로도 아문센은 죽는 날까지 탐험을 계속했어요. 1925년에는 비행선을 타고 최북단까지 비행했답니다. 1년 뒤에는 비행선 노르게 호를 타고 북극을 횡단하는 데 성공해 남북 극점을 모두 방문한 최초의 인물이 되었어요.

37

극지방 탐험가

로버트 스콧

영국의 탐험가이자 해군 대령이에요. 1912년 두 번째 남극 탐사대를 이끌었지만 돌아오는 길에 조난되어 탐사 대원 모두가 죽고 말았어요.

남극점을 향한 경주

스콧은 1912년 1월 17일 남극점에 도착했어요. 하지만 남극점에 꽂힌 노르웨이 깃발을 보고 아문센이 간발의 차이로 먼저 남극점에 다녀갔다는 사실을 알게 되었지요. 스콧과 함께 간 탐사 대원들은 기지로 돌아가는 길에 조난되어 안타깝게도 모두 목숨을 잃고 말았어요.

• 스콧의 동상
스콧은 남극 탐험을 기록한 일기장이 발견되는 바람에 영웅이 됐어요.

연표

- 1868 영국에서 태어남.
- 1901 첫 번째 남극 탐사.
- 1912 1월 17일 남극점에 도달함. 3월 29일 남극에서 세상을 떠남.

더글러스 모슨

오스트레일리아의 지질학자이자 탐험가예요. 1911년에 오스트레일리아 남극 탐사대를 조직해 이끌었지요.

남극 탐사

모슨은 섀클턴의 님로드 호를 타고 항해를 떠났다가 살아남은 사람 중 한 사람이었어요. 1911년 오스트레일리아 남쪽 지역의 아데아곶과 가우스베르크 사이를 탐험하기 위해 출발한 탐사대는 여러 팀으로 나뉘어 남극 탐험을 시작했어요. 이 과정에서 모슨은 두 동료를 잃고 혼자 살아남았어요. 죽을 고비를 여러 번 넘긴 모슨은 1913년 12월에 겨우 구조되었어요.

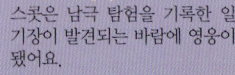
• 모슨의 기념우표
모슨은 섀클턴의 남극 탐험대에 과학연구원으로 참가해 경험을 쌓았어요.

연표

- 1882 영국에서 태어남.
- 1907 영국 남극 탐사대에 합류.
- 1911-14 오스트레일리아 남극 탐사대를 이끎.
- 1958 오스트레일리아에서 세상을 떠남.

어니스트 섀클턴

영국의 탐험가로, 남극에 두 번이나 갔어요. 뛰어난 리더십과 용기로 위기에 처한 선원들을 전원 구해 낸 적도 있답니다.

극지방 탐험가

어니스트 섀클턴의 한마디!

"위험한 여행에 함께할 사람 구함 : 적은 임금에 매서운 추위, 칠흑 같은 어둠 속에서 몇 달을 보내야 함."

최남단에 발도장을 찍다

섀클턴은 1901년 로버트 스콧이 이끄는 영국 탐사대를 따라 남극을 탐험했어요. 영국에 돌아온 뒤에는 국회의원이 되려고 했지만 실패했어요. 1907년 섀클턴은 두 번째 남극 탐사를 떠났어요. 이때 섀클턴이 도착한 지점은 남극점에서 155킬로미터 떨어진 곳이었어요. 그때까지 인류가 도달한 가장 남쪽 지점이었지요.

연표

- **1874** 아일랜드에서 태어남.
- **1902** 남극점 정복을 시도함.
- **1914-09** 두 번째 남극 탐사 여행.
- **1914-16** 인듀어런스 호 탐사 여행.
- **1921** 남극 주변 항해에 나섬.
- **1922** 사우스조지아 섬 부근에서 세상을 떠남.

행운의 탈출

섀클턴은 1914년 탐사에 올랐어요. 개썰매를 타고 남극을 횡단할 계획이었지요. 섀클턴은 자금과 탐사대를 모은 뒤 인듀어런스 호를 타고 출발했어요. 그런데 남극 땅에 도착하기도 전에 인듀어런스 호가 빙산에 충돌하고 말았어요. 커다란 부빙 위에서 몇 달을 보낸 뒤, 섀클턴과 그의 부하들은 구명보트를 타고 엘리펀트 섬에 간신히 도착했어요. 하지만 엘리펀트 섬은 너무 외진 곳이라 구조될 가망성이 없었어요. 불가능해 보였지만, 섀클턴은 선원 다섯 명과 구조 보트를 타고 1,000킬로미터 떨어진 사우스조지아 섬까지 가서 구조 요청을 했고, 마침내 선원들을 모두 구해 냈어요.

• **인듀어런스 호**
섀클턴은 부빙에서 몇 달을 보낸 뒤 목표를 남극 대륙 횡단에서 전 대원 무사 귀환으로 바꾸었어요.

어떻게 세상을 떠났을까?
섀클턴은 47세에 심장마비로 세상을 떠났어요.

하늘과 우주 탐험가

솔로몬 앙드레

스웨덴의 기술자이자 북극 탐험가예요. 열기구를 타고 북극에 가려다가 조난을 당해 세상을 떠났어요.

더 알아보기

더 자세한 정보를 찾아보려면:
www.aviationhistory.com/airmen/andree.htm

열기구 비행

1897년 7월 11일, 앙드레는 두 명의 동료와 함께 스피츠베르겐 섬에서 이글호라는 열기구를 타고 이륙했어요. 하지만 그 뒤 아무도 앙드레를 본 사람은 없다고 해요. 앙드레가 남긴 흔적은 30여 년이 지나 그들이 이륙한 곳에서 멀리 떨어지지 않은 곳에 위치한 화이트 섬에서 발견되었어요.

연표

- **1854** 스웨덴에서 태어남.
- **1897** 열기구를 타고 북극점 탐험을 떠났다가 사고로 세상을 떠남.
- **1930** 열기구의 잔해를 발견함.

찰스 린드버그

미국 비행사이자 탐험가예요. 자신의 비행기 '스피릿 오브 세인트루이스' 호를 타고 처음으로 대서양 무착륙 단독 비행에 성공했지요.

스피릿 오브 세인트루이스 호

1926년 미국 뉴욕에서 프랑스 파리까지 대서양을 착륙하지 않고 한 번에 비행하는 데 2만 5천 달러의 상금이 걸렸어요. 린드버그는 1927년 5월 20일 루스벨트 공군 기지를 출발한 지 33시간 30분 만에 파리에 도착했어요. 이 최초의 무착륙 비행 덕분에 린드버그는 큰 상금도 타고 영웅 대접도 받았어요.

• 고독한 독수리
린드버그는 스피릿 오브 세인트루이스를 타고 뉴욕에서 파리까지 세계 최초로 무착륙 비행에 성공했어요.

연표

- **1902** 미국 디트로이트에서 태어남.
- **1924** 군대에서 조종사 훈련을 받음.
- **1927** 단독 비행으로 대서양을 횡단함.
- **1974** 하와이에서 세상을 떠남.

40

아멜리아 에어하트

미국의 여성 비행사이며 작가예요. 대서양을 혼자 비행한 최초의 여성이기도 하지요.

아멜리아 에어하트의 한마디!

"하늘을 나는 것은 항상 평탄한 여행은 아니다. 하지만 그 즐거움은 충분히 위험을 무릅쓸 만한 가치가 있다."

하늘과 우주 탐험가

비행에 대한 열정

에어하트는 제1차 세계 대전 당시 캐나다 토론토에서 부상당한 군인들을 돌보는 간호사로 일했어요. 이때부터 에어하트는 에어쇼를 보러 다니곤 했는데, 모험가적인 성격이 슬슬 고개를 들었답니다. 1920년 12월에는 처음으로 비행기를 타 보았는데, 이 일이 에어하트의 인생을 바꾸어 놓았어요. 에어하트는 1921년 초에 비행 교습을 받았고, 그해 말에 처음으로 단독 비행을 했어요.

연표

- **1897** 미국 캔자스에서 태어남.
- **1928** 여성 최초로 대서양을 횡단함.
- **1932** 단독 무착륙 비행으로 대서양 횡단.
- **1937** 세계 일주 비행에 나섬.
- **1937** 7월 2일 실종됨.
- **1939** 1월 5일 법적으로 세상을 떠났다고 인정함.

기록을 세우다

1928년 6월, 에어하트는 여성 최초로 대서양을 횡단했어요. 이때는 비행기를 조종한 것이 아니라 비행 일지를 적었어요. 고향으로 돌아온 에어하트는 금세 유명해졌어요. 책도 펴내고, 강연을 다니고, 여성 조종사 모임도 만들었어요. 그리고 1932년 드디어 여성 최초로 캐나다 뉴펀들랜드에서 출발해 영국 웨일스까지 대서양 횡단 단독 비행에 성공했어요. 그 공로를 인정받아 여성 최초로 뛰어난 비행사에게 수여하는 공군수훈십자훈장도 받았지요. 1937년 3월, 에어하트는 적도 둘레를 따라 세계 일주 비행을 떠났다가 실종되고 말았어요.

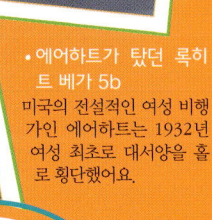

• 에어하트가 탔던 록히트 베가 5b
미국의 전설적인 여성 비행가인 에어하트는 1932년 여성 최초로 대서양을 홀로 횡단했어요.

이 사실, 알고 있니?

실종된 지 2년이 지난 1939년이 되어서야 사람들은 에어하트가 세상을 떠났다고 받아들였어요.

41

하늘과 우주 탐험가

유리 가가린

러시아 우주 비행사예요. 1961년 4월 12일 우주선 보스토크 1호를 타고 인류 최초로 우주 비행에 성공했어요.

유리 가가린의 한마디!

"영원히 우주 저 너머로 날아갈 수 있을 것 같았다."

어떻게 세상을 떠났을까?

가가린은 전투기 조종사 훈련 중 비행기 추락으로 세상을 떠났어요.

우주 비행사가 되다

농장 일꾼의 아들로 태어난 가가린은 어렸을 적부터 하늘을 나는 데 관심이 많았어요. 학교를 졸업하고 제철 공장에서 일하면서도 사라토프 공업학교에서 공업 기술을 공부했고, 항공 클럽에 들어가 경비행기 운항 기술도 배웠어요. 가가린은 1955년 소련 공군에 입대했어요. 1959년에는 '특별 작전'을 위해 모스크바에서 신체검사를 받았어요. 모든 시험을 우수한 성적으로 통과한 가가린은 우주 비행사로 선발되었어요.

• 우주선 밖의 유리 가가린
인류 사상 최초로 우주 비행에 성공한 유리 가가린 덕분에 우주개발이 활기를 띠었어요.

연표

1934	1955	1959	1961	1968
러시아에서 태어남.	소련 공군에 입대함.	우주 비행사로 뽑힘.	인류 최초로 우주를 비행함.	러시아에서 세상을 떠남.

인류 최초의 우주 여행

1961년 4월 가가린은 최초의 유인 우주선 보스토크 1호의 조종사가 되었어요. 그리고 1961년 4월 12일, 인류 최초로 우주를 비행했지요. 108분 동안 계속된 비행 시간 동안 가가린은 시간당 27,400킬로미터의 속도로 지구 상공 궤도를 돌았어요. 지구로 귀환한 뒤 가가린이 내뱉은 첫마디는 "지구는 푸른빛이었다"였답니다.

더 알아보기

http://russianarchives.com/gallery/gagarin/
미국 항공 우주국(NASA) 웹사이트에서 우주 탐험가에 대해 더 알아봐요.
www.nasa.gov/mission_pages/shuttle/sts1/gagarin_anniversary.html

가가린에 대한 1961년 신문 기사를 읽어봐요.
http://century.guardian.co.uk/1960-1969/Story/0,6051,105531,00.html

발렌티나 테레시코바

러시아의 우주 비행사예요. 1963년 6월 16일 여성 최초로 보스토크 6호를 타고 우주를 여행했어요.

테레시코바의 한마디!

"우주에 한 번이라도 가 본 사람이라면 누구나 평생 우주를 사랑하게 될 것이다."

하늘과 우주 탐험가

여자라고 얕보지 마

테레시코바는 러시아의 한 가난한 집안에서 태어났어요. 아버지는 트랙터 운전기사였고 어머니는 섬유 공장에서 일했어요. 테레시코바는 학교를 졸업한 뒤 섬유 공장에서 일하다가 낙하산 동호회에 가입해서 처음으로 하늘을 나는 경험을 했어요. 1961년 소련에서는 최초의 여성 우주 비행사를 뽑았는데, 유리 가가린이 감독하는 선발 과정에 테레시코바를 포함한 다섯 사람이 뽑혔어요.

이 사실, 알고 있니?

"여기는 갈매기, 기분 최고." 우주에서의 첫 교신이에요. 갈매기는 테레시코바의 호출 암호였어요.

연표

| 1937 | 1959 | 1962 | 1963 | 1966 | 1969 |

- 1937: 러시아에서 출생.
- 1959: 첫 번째 낙하산 하강.
- 1962: 우주 비행사 훈련에 선발됨.
- 1963: 최초의 여성 우주 비행사가 됨.
- 1966: 정치계에 진출함.
- 1969: 대학에서 우주 항공학을 공부함.

최초의 여성 우주 비행사

다섯 명의 후보자들은 소련 공군에 들어가 남성들과 똑같은 훈련 과정을 거쳤어요. 하지만 1963년 6월 16일 발사된 보스토크 6호에 탑승한 사람은 테레시코바였지요. 비행 시간은 거의 3일(70시간 48분)이나 되었고 보스토크 6호는 지구를 48바퀴나 돌았어요. 테레시코바는 지상에서 6킬로미터 높이에서 캡슐을 빠져나와 낙하산을 타고 착륙했어요. 다른 여성이 우주 비행에 나선 것은 그로부터 20년이 지난 뒤였어요.

- 보스토크 6호 귀환 캡슐
- 여성 영웅 테레시코바
우주에서 돌아와 영웅 칭호를 받은 테레시코바가 이소연의 우주 비행을 응원하기 위해 바이코누르 기지를 방문했어요.

하늘과 우주 탐험가

닐 암스트롱

미국의 우주 비행사예요. 1969년 7월 20일 인류 최초로 달에 첫발을 내디뎠어요.

닐 암스트롱의 한마디!

"이것은 한 인간에 있어서는 작은 한 걸음에 불과하지만, 인류 전체에 있어서는 위대한 약진이다."

이 사실, 알고 있니?

암스트롱은 1966년 인공 위성 제미니 8호의 선장이 되어 지구 궤도 위에서 표적 로켓과 결합하는 데 성공했어요.

비행사 암스트롱

어려서부터 비행에 관심이 많았던 암스트롱은 열여섯 살 때 비행 면허를 땄어요. 1년 뒤인 1947년, 암스트롱은 미국의 퍼듀 대학교에서 항공 공학을 공부한 뒤 해군 항공대의 비행사가 되었어요. 1950년 한국 전쟁이 일어나자 암스트롱은 학업을 중단하고 해군 전투기 조종사로 참전했어요. 그 뒤 나사(NASA) 고속 비행 기지의 시험 비행사가 되어 900회가 넘는 비행 훈련을 했어요.

연표

- **1930** 미국 오하이오에서 태어남.
- **1946** 비행 자격증을 땀.
- **1950–1953** 한국 전쟁에 참전함.
- **1962** 우주 비행사로 선발됨.
- **1969** 7월 20일 인류 최초로 달 착륙에 성공함.
- **1978** 명예 훈장을 받음.

달을 향해

암스트롱은 1962년 우주 비행사 훈련을 받기 시작했고, 1969년 7월 16일 아폴로 11호의 선장이 되어서 최초의 달 착륙 작전을 지휘했어요. 아폴로 11호는 암스트롱과 버즈 올드린, 마이클 콜린스를 태우고 플로리다 주 케네디 우주 기지를 출발했어요. 3일 뒤 아폴로 11호는 달의 궤도에 진입했어요. 암스트롱과 올드린은 착륙선 이글호에 탑승해 성공적으로 달 표면에 착륙했어요. 암스트롱은 올드린과 함께 달 표면을 2시간 30분 동안 탐사한 뒤 모래와 암석을 모으고 지진계 등을 설치해 놓은 다음 지구로 귀환했어요.

• 영광의 첫발자국
미국은 아폴로 11호의 발사에 성공함으로써 닐 암스트롱이 최초로 달 표면을 밟게 돼요.

버즈 올드린

닐 암스트롱과 달 표면에 첫발을 내디딘 우주 비행사예요. 암스트롱이 달에 발을 내딛고 나서 몇 분 뒤 버즈 올드린도 달 표면을 밟았어요.

공군 전투기 조종사

미국 뉴저지에서 태어난 올드린은 미국 육군 사관 학교를 졸업하고 한국 전쟁에 공군 전투기 조종사로 참전했어요. 올드린은 66번이나 전투 임무를 받고 출격했어요. 전쟁이 끝난 뒤에는 매사추세츠 공과 대학에서 우주 항공학 박사 학위를 받았어요.

하늘과 우주 탐험가

버즈 올드린의 한마디!

"나는 인간이 화성에 도달할 것이라고 생각한다. 내가 죽기 전에 그 장면을 볼 수 있기를 바랄 뿐이다."

연표

| 1930 | 1963 | 1966 | 1969 | 1972 |

- 1930: 미국 뉴저지에서 태어남.
- 1963: 우주 비행사로 선발됨.
- 1966: 제미니 12호를 조종함.
- 1969: 아폴로 11호를 타고 달 탐사에 성공함.
- 1972: 우주 비행사에서 은퇴함.

이 사실, 알고 있니?

올드린은 은퇴 후 전 세계를 돌며 사람들에게 우주 이야기를 들려주었어요.

우주 비행 임무

올드린은 1963년 우주 비행사로 선발된 뒤, 1966년 제미니 계획의 마지막 임무였던 제미니 12호의 조종사로 첫 번째 우주 비행을 수행했어요. 4일 동안 계속된 비행에서 올드린은 다섯 시간 반 동안 우주 유영을 하는 기록을 세웠고, 우주 비행사들이 우주선 밖에서도 여러 가지 임무를 수행할 수 있다는 것을 증명해 보였어요. 1969년 7월 20일, 올드린은 닐 암스트롱의 뒤를 따라 착륙선에서 내려 고요의 바다에 발을 디뎠어요. 인류 역사상 두 번째로 달 표면에 내린 사람이지요. 올드린은 1972년 우주 비행사에서 은퇴했어요.

• 실험기기 설치
버즈 올드린이 달 표면에 각종 실험기기들을 설치하고 있어요.

45

용어 해설

- 견습생 : 전문가 밑에서 일을 도우며 배우는 사람.
- 계시 : 깨우쳐 보여 줌.
- 고고학 : 고대 건물이나 유물들을 살펴보며 과거에 대해 연구하는 학문.
- 괴혈병 : 비타민C가 부족해서 생기는 질병.
- 궤도 : 지구 둘레를 원을 그리며 도는 것.
- 난민 : 생명의 위협을 피해 고향이나 나라에서 도망쳐 나온 사람들.
- 남극 : 지구 남쪽 끝에 있는 대륙.
- 동상 : 추위 때문에 살갗이 얼어서 조직이 상하는 일.
- 동호회 : 같은 취미를 가지고 함께 즐기는 사람의 모임.
- 말라리아 : 특정한 종류의 모기에게 물려서 걸리는 치명적인 질병.
- 메카 : 이슬람교의 창시자인 마호메트가 태어난 곳으로 이슬람교 최고의 성지.
- 몽골 : 유라시아 대륙 중앙부, 몽골 고원의 북쪽에 있으며 13세기 칭기즈칸의 통솔 아래 세력이 커지기 시작하여 원(元) 제국을 이룸.
- 무역 : 지방과 지방, 나라와 나라 사이에 물품을 사거나 파는 행위.
- 박사 학위 : 대학에서 주는 학위 중 가장 높은 단계.
- 발사나무 : 벽오동과의 상록 교목. 높이는 15미터 정도이며, 잎은 어긋나고 5~7개로 갈라진다. 꽃은 노란색이나 누런 갈색으로 크다. 목재는 매우 가벼워 구명구(救命具)나 모형 비행기, 절연성을 이용한 방음 장치 따위의 재료로 쓰임.
- 부빙 : 물 위에 떠 있는 얼음 덩어리.
- 북서 항로 : 유럽에서 출발해 북아메리카 북서쪽으로 지나가는 뱃길. 지리상의 발견 시대 이래, 16세기 후반부터 이 항로를 개발하기 위하여 탐험함.

- 상인 : 물건을 사고파는 사람, 특히 무역상.
- 선교사 : 외국에 파견되어 기독교의 전도에 종사하는 사람.
- 설맹 : 눈에 반사된 강한 빛 때문에 일시적으로 눈이 먼 상태.
- 셰르파 : 히말라야에 사는 부족으로 히말라야 등반대의 짐을 나르고 길을 안내하는 사람.
- 수중 호흡기 : 잠수부들이 물속에서 숨을 쉴 수 있게 해 주는 장비.
- 순례 : 특별한 이유로 성지를 여행하는 것.
- 술탄 : 이슬람교국의 군주.
- 승려 : 불교의 출가 수행자.
- 식민지 : 자기 나라 외에 다른 나라에 만든 마을이나 정착지.
- 양봉업 : 꿀을 얻기 위하여 벌을 기르는 일을 전문으로 하는 직업.
- 외교관 : 외국에서 자국 정부를 대표하여 외교 사무에 종사하는 사람이나 관직.
- 우주 비행사 : 우주를 여행할 수 있도록 훈련받은 사람.
- 원정 : 먼 곳으로 싸우러 나감. 또는 연구, 탐험, 조사 따위를 위하여 먼 곳으로 떠남.
- 유적 : 남아 있는 자취. 건축물이나 싸움터 또는 역사적인 사건이 벌어졌던 곳이나 패총, 고분 따위를 이른다.
- 이누이트 족 : 캐나다 북부 및 그린란드와 알래스카 일부 지역에 사는 종족.
- 이질 : 이질균이 소화관에 감염하여 일어나는 병으로 법정 전염병.
- 잉카 : 남아메리카 안데스 지대의 페루를 중심으로 문명을 형성한 인디오나 그 인디오의 나라.
- 적도 : 지구의 남북 양극으로부터 같은 거리에 있는 지구 표면에서 점을 이은 선.
- 조난 : 항해나 등산 따위를 하는 도중에 재난을 만남.
- 지질학 : 지구의 구성 물질, 형성 과정, 과거에 살았던 생물 등을 연구하는 학문.

- 질병 : 몸의 온갖 병.

- 착륙선 : 우주 비행사를 달과 같은 행성 표면에 내려주는 우주선.

- 천문학자 : 우주와 별, 행성에 대해 연구하는 과학자.

- 추방 : 범죄를 저지른 사람이 어떤 지역에서 쫓겨나는 것.

- 탐사 : 알려지지 않은 사물이나 사실 따위를 샅샅이 더듬어 조사함.

- 함선 : 군함, 선박 따위를 통틀어 이르는 말.

- 항공 공학 : 항공기를 설계하고 만들고 운용하는 것에 대해 연구하는 학문.

- 항해술 : 배가 가야 할 길을 찾는 기술.

- 항행 : 배나 비행기 따위를 타고 항로 또는 궤도를 다님.

- 해안 : 바다와 육지가 맞닿은 부분.

- 호주 원주민 : 유럽인들이 도착하기 전에 오스트레일리아(호주)에 살고 있던 사람.

- 홍해 : 아프리카 동북부와 아라비아 반도 사이에 있는 바다. 수에즈 운하 개통 후 아시아와 유럽을 이어 주는 중요 항로가 되었다.

- 후원자 : 뒤에서 도와주는 사람.

- 히말라야 산맥 : 세계에서 가장 높은 산악 지대로 아시아에 있음.

내가 탐험가가 된다면?